Editorial

Wir Therapeuten von persönlichkeitsgestörten Patienten beschäftigen uns chronisch mit dem Thema „Familie" — vor allem indirekt. Denn die Mehrzahl unserer meistens traumatisierten Borderline-Patienten lebten als Kind in einer desolaten oder gar keiner Familie. Die Bösen, das scheint uns als Partei des Patienten klar, sind die anderen, sind Vater und Mutter, Stiefvater und Pflegemutter. Sie haben unserem Patienten beziehungsweise unserer Patientin als Kind die Rippen gebrochen, es unter Heroin gesetzt und dann penetriert, das Lieblingshaustier vor Augen des Kindes im Suff aufgeschlitzt. Das sind keine erdachten Horrorszenarien, sondern Teile der Vita konkreter Patienten. So einfach ist das natürlich nicht. Das Ausmaß der Schäden, das durch traumatisierende Handlungen innerhalb einer Familie angerichtet wird, scheint von der Familienatmosphäre abzuhängen, vom Grad des Ausgeliefertseins und der Ohnmacht. Realtraumatisierung im Rahmen einer Familie mit mindestens einem Mitglied, das zu schützen versucht oder jedenfalls dem Kind glaubt, scheint weniger pathogen zu sein als Realtraumatisierung im Rahmen einer Familie, in der ein Versuch des Schutzes nicht unternommen wird. Eltern müssen nicht nur erziehen und fördern, sondern eine emotional verlässliche Basis darstellen (Bowlby 1995). Sie müssen, so Winnicott (1984), für das Kind eine haltende Umgebung herstellen, sie müssen als Eltern „ausreichend gut" sein – ein ermutigender und entlastender Begriff von Winnicott (1992), der damit verdeutlichte, dass eine Mutter nicht sehr gut sein muss, sondern eben „ausreichend". Um unsere Patienten richtig verstehen zu können, müssen wir auch wissen, mit welchen familiären Erfahrungen sie zu uns kommen, und wie sich welche Erfahrungen auswirken.

Dazu liefern die Beiträge dieses Heftes aufschlussreiche Informationen: Günter Reich beschreibt, dass Vernachlässigung und Kontrolle, aber auch ein Mangel an emotionaler Resonanz eine pathogenetische Bedeutung haben, was therapeutisch bearbeitet werden könne. Peter Joraschky und Katja Petrowski beleuchten als spezielleren Aspekt die Rolle der Familie bei Entstehung und Behandlung von sexuellem Missbrauch.

Zunehmend werden Zusammenhänge zwischen Persönlichkeitsstörungen und einer Aufmerksamkeits-Defizitstörung diskutiert. Michael Schulte-Markwort und Pia Düsterhus leisten hier einen Beitrag, indem sie – unseres Wissens erstmalig – den Komplex „ADS/ADHS und Familie" untersuchen. Sabine Walper und Anna-Katharina Gerhard beziehen sich in ihrem Artikel über Risiko und Chance einer elterlichen Scheidung für die Entwicklung betroffener Kinder nicht direkt auf Persönlichkeitsstörungen, aber sie weisen auch auf „tröstliche" familiäre Aspekte, eben auf Chancen, hin. Insofern sehen wir den Beitrag als überfälliges Korrektiv unserer aufgrund von familiären Erfahrungen unserer Patienten negativistisch geprägten Sichtweise. Hingegen betrachten Iris Tatjana Calliess und Wielant Machleidt zwar Persönlichkeitsstörungen explizit, den Aspekt „Familie" jedoch zumeist implizit. „Transkulturelle Aspekte bei Persönlichkeitsstörungen" sind im klinischen Alltag unübersehbar; es wurde dennoch bisher fast nicht über sie publiziert. Transkulturelle Aspekte haben meistens sehr viel mit Familie zu tun.

Wir würden uns freuen, wenn in den Therapien von Patienten mit Persönlichkeitsstörungen der Blick auf die Familie differenziert erfolgt, damit sich ein Schicksal wie das der „schizophrenogenen Mutter" nicht in anderem Gewande wiederholt. Denn auch Täter innerhalb einer Familie haben zumeist nicht primär im Sinn zu schädigen. Sie sind selbst gestört. Und sie tragen dazu bei, dass die transgenerationale Perpetuierung der Traumatisierung traurige Realität bleibt. Das darf nicht dazu führen, dass die Familie in dieser Gesellschaft ihren hohen Stellenwert einbüßt. Denn wir alle haben oder bräuchten die Zuneigung in einer und den Schutz durch eine Familie.

Birger Dulz und Jochen Eckert

Literatur

Bowlby J (1995). Elternbindung und Persönlichkeitsentwicklung. Heidelberg: Dexter.
Winnicott DW (1984). Reifungsprozesse und fördernde Umwelt. Frankfurt: Fischer.
Winnicott DW (1992). Familie und individuelle Entwicklung. Frankfurt: Fischer.

© 2003 Schattauer GmbH, Stuttgart

Günter Reich

Familien- und Paarbeziehungen bei Persönlichkeitsstörungen – Aspekte der Dynamik und Therapie

Schlüsselwörter
Familientherapie, Paartherapie, Familienbeziehungen, Paarbeziehungen Persönlichkeitsstörungen

Keywords
Family therapy, couples therapy, family relationships, couples relationships, personality disorders

Zusammenfassung
Persönlichkeitsstörungen spielen in klinischen Konzepten der Familien- und Paartherapie eine bedeutende Rolle. Forschungen zum familiären Hintergrund bieten ein zunehmend differenziertes Bild der Pathogenese und interpersonellen Dynamik. Vernachlässigung, übermäßige Kontrolle und Mangel an emotionaler Resonanz scheinen als basale Faktoren zu vielen Persönlichkeitsstörungen (insbesondere Cluster B und Cluster C) beizutragen. Familiäre Störungen der Impulskontrolle, der interpersonellen und Generationengrenzen, offene Aggressivität, Misshandlungen und sexueller Missbrauch scheinen eng mit antisozialen und Borderline-Störungen verbunden zu sein. In ihren Paarbeziehungen leiden diese Patienten häufig unter der Angst, verlassen und gleichzeitig unter der Angst, beherrscht zu werden. In familien- und paartherapeutischen Interventionen muss zwischen „übersteuerten" und „untersteuerten" Systemen unterschieden werden. Die Loyalitätsdimension ist auch in traumatisierenden Familien- und Paarbeziehungen wirksam und muss unbedingt berücksichtigt werden. Familien- und paartherapeutische Interventionen zielen auf die Verbesserung der interpersonellen Grenzen, der Impuls- und Affektregulierung sowie die Entwicklung von „Gegenseitigkeit" in den Beziehungen.

Summary
Personality disorders play a significant role in the clinical concepts of family and couples therapy. Research on the family background offers an increasingly differentiated picture of pathogenesis and interpersonal dynamics. Parental neglect, intrusive control and a lack of emotional resonance seem to contribute to many personality disorders (especially Cluster B and Cluster C) as basic factors. Family disturbances of impulse control, of interpersonal and intergenerational boundaries, aggressive acting out, abuse and sexual assaults seem to be closely associated with antisocial and borderline disorders. In their couples relationships these patients often suffer from the deep fear of abandonment and simultaneously from the fear of being dominated. Interventions in family and couples therapy must be differentiated along the distinction between „over steered" and „under steered" systems. The dimension of loyalty remains in effect also in severely traumatizing family systems and has to be taken absolutely into account. Family and couples therapeutic interventions aim at the improvement of interpersonal boundaries, impulse and affect regulation as well as the development of relational „mutuality".

Family and couples relationships in personality disorders – aspects of dynamics and therapy

Persönlichkeitsstörungen 2003; 7: 72–83

Persönlichkeitsstörungen sind vielfältig, ebenso ihre Bezüge zur Familie und zur Paarbeziehung. Viele dieser Störungen haben zudem eine hohe interaktive Potenz. Sie äußern sich nicht oder nicht primär in Symptombildungen, sondern in spezifischen Interaktionen. Diese, zum Beispiel Beziehungsabbrüche bei Borderline-Patienten, Entwertungen bei narzisstischen oder ängstliches Anklammern bei abhängigen Persönlichkeiten sind das „Symptom". Familien- und Paarbeziehungen werden hier in dreierlei Hinsicht wesentlich: bezüglich der Pathogenese, bezüglich des Sichtbar-

---

Priv.-Doz. Dr. phil. Günter Reich, Ambulanz für Familientherapie und für Ess-Störungen, Klinik und Poliklinik für Psychosomatik und Psychotherapie, Humboldtallee 38, 37073 Göttingen

© 2003 Schattauer GmbH, Stuttgart

werdens der Störung im aktuellen Beziehungsumfeld und bezüglich deren Aufrechterhaltung.

Der Zusammenhang zwischen Familie und Persönlichkeitsstörungen wurden in den letzten zwei Jahrzehnten hauptsächlich in Hinblick auf die schweren Persönlichkeitsstörungen, insbesondere Borderline- und ähnlich gelagerte Erkrankungen, untersucht. Das Interesse an anderen Störungen scheint dem gegenüber merklich verblasst. Das war nicht immer so. Pioniere der Paar- und Familientherapie beschrieben auffällige Beziehungsmuster und Verhaltensweisen in Familien und Paarbeziehungen in ihrer wechselseitigen Bedingtheit, ohne sich allerdings des seinerzeit noch nicht eingebürgerten Begriffes der Persönlichkeitsstörung zu bedienen. Sie rekurrierten auf den Vorläuferbegriff der „Charakterneurose". So stellte Richter (1972) in seinem Klassiker „Patient Familie" Typen familiärer Charakterneurosen dar, in denen die Mitglieder wesentliche rigide, zeitstabile, dysfunktionale, Entwicklung und Anpassung hemmende Einstellungen und emotionale sowie behaviorale Reaktionsbereitschaften teilen, die für alle Involvierten zu erheblichen interpersonellen und sozialen Schwierigkeiten führen. Es werden Typen von paranoiden (Stichwort „Festung"), angstneurotischen („Sanatorium") und hysterischen Familien („Theater") beschrieben. Willi (1975) charakterisierte im Kollusionskonzept Muster des interpersonellen Zusammenspiels in Paarbeziehungen, in denen sich die Störungen ebenfalls interaktiv in Wünschen, Enttäuschungen, entsprechender Aggression und deren Ausagieren zeigen. Das „Problem" wird auch hier im jeweils anderen gesehen, da die eigenen Erlebensmuster ich-synton sind. Der andere wird dem entsprechend als enttäuschendes Objekt bekämpft. In der Mehrgenerationen-Familientherapie (Massing et al. 1999, Reich et al. 2003) zeigt sich nahezu regelhaft, dass Auffälligkeiten in der Kindergeneration familiäre Beziehungs- und Erlebensmuster in der Eltern- und Großelterngeneration vorausgehen, die in ihren Eigenheiten und Idiosynkrasien oftmals durchaus die heutigen Kriterien einer Persönlichkeitsstörung erfüllen würden, aber als solche erst über die Kinder sichtbar werden.

So wurde es zum Beispiel von einer Familie nicht als auffällig empfunden, dass der Vater Buch darüber führte, wie oft er seine Schallplatten und CDs abgespielt hatte, und täglich den Kilometerstand des Autos seiner Frau kontrollierte, weil er deren Fremdgehen fürchtete. Sein Vater wiederum hatte täglich vor der Arbeit sein Fahrrad blank geputzt und unterhielt im Dorf mehrere außereheliche Beziehungen, aus denen auch uneheliche Kinder hervorgingen. Die Enkeltochter litt als Indexpatientin unter schweren Versagensängsten und Kontrollzwängen.

Klinische Beobachtungen zur Entstehung von Borderline-Persönlichkeitsstörungen

Klinische Beobachtungen zum familiendynamischen Verständnis von Borderline-Störungen wurden unter anderem von Wolberg (1968) sowie Shapiro und Mitarbeitern (z.B. 1975), später von Ruiz-Sancho und Gunderson (z.B. 2000) sowie Cierpka (1998) beziehungsweise Cierpka und Reich (2000) mitgeteilt. Zusammenfassend ergibt sich folgendes **Bild**, das sich partiell auch empirisch recht gut stützen lässt:

- Schwere Störungen entstehen in der Familiendynamik über mehrere Generationen.
- Traumatisierungen werden über mindestens drei Generationen mit der Folge der Überstimulierung der späteren Patienten durch aggressive und sexuelle Affekte und Impulse weitergegeben.
- Die Eltern sind aufgrund ihrer ungelösten Konflikte in ihren Ursprungsfamilien um Autonomie, Ablösung sowie symbiotische Wünsche wenig in der Lage, dem Patienten die nötige Halt gebende Umgebung zu gewähren (Shapiro et al. 1975).
- Die Grenzen zwischen den Generationen sind gestört. Die Eltern erleben die späteren Patienten zumindest partiell als Erweiterung des eigenen Selbst, behandeln sie auf derselben Generationenebene wie sich selbst oder machen sie zu einer abgelehnten oder bedrohlichen Elternfigur.
- Die späteren Patienten werden subtil oder offen dazu ermutigt, unintegrierte aggres-

sive, sexuelle oder sadomasochistische Phantasien oder Impulse der Eltern auszuagieren (Wolberg 1968, Cierpka u. Reich 2000). Der Patient wird somit Substitut des „negativen Selbst" der Eltern oder zum Stellvertreter von von diesen abgelehnten oder bekämpften Beziehungspersonen (nach Richter 1963) beziehungsweise Delegierter im Dienste des Es der Eltern (nach Stierlin 1978). Es entwickelt sich eine enge, oftmals fusionäre ambivalente Bindung des Patienten an einen oder beide Elternteile, insbesondere auf der Ebene der Affekte und Triebimpulse.
- Durch ödipale Bindungen an beide Elternteile werden Verwirrungen in der Geschlechtsrolle und perverse Phantasien des Patienten gefördert (Wolberg 1968).
- Autonome Entwicklungsschritte des Patienten konfrontieren die Eltern wieder mit eigenen Ablösungskonflikten und lassen sie aggressiv reagieren; diese neigen von früh an dazu, Äußerungen kindlicher Bedürfnisse als böswillige Angriffe zu interpretieren.
- Sexuelle und aggressive Impulse werden innerhalb der Familie ausagiert und gleichzeitig verleugnet. So entsteht eine „doppelte Wirklichkeit", eine „Als-ob-Welt" innerhalb der Familie (Wolberg 1968, Cierpka u. Reich 2000).
- Zudem entsprechen die praktizierten Werte und Normen der familiären Subkultur in wesentlichen Aspekten nicht denen der weiteren und engeren Umgebungsgesellschaft. Hier erscheinen wichtige Erlebens- und Verhaltensweisen als abweichend, die dort, zumindest in bestimmten Segmenten der „doppelten Wirklichkeit", als normal angesehen werden. Die Atmosphäre ist oft insgesamt durch Familiengeheimnisse geprägt (Wolberg 1968, Cierpka u. Reich 2000).
- Die beiden zuletzt genannten Faktoren fördern bei Patienten die Spaltungen im Erleben und Verhalten und deren „Als-ob-Verhalten".
- Die Balance von „Geben und Nehmen" ist durch das interpersonelle Ausbeutungsverhältnis dauerhaft gestört; die Loyalitätsbeziehungen sind intrafamiliär und zwischen Familie und Außenwelt gespalten. Die unausgeglichene Bilanz der „Verdienste" und „Schulden" der Familienmitglieder untereinander sowie die „doppelte Wirklichkeit" und das Anlegen von zweierlei Maß in der Beurteilung von Verhaltensweisen mit den entsprechenden Verzerrungen der Wahrnehmungen und Verleugnungsprozessen bedingen eine „Korruption der Beziehungen" („relational corruption" [Boszormenyi-Nagy u. Krasner 1986]) und das Gefühl, zu destruktivem und selbstdestruktivem Handeln berechtigt zu sein („destructive entitlement" [Boszormenyi-Nagy u. Spark 1973]).
- Nach Wolberg (1968) entwickelt der spätere Patient sadomasochistische Phantasien, die auch in anderen Beziehungen ausagiert werden. In der Familie haben sie unter anderem die Funktion, Gefühle der Bedrohung abzuwehren; denn er muss weiterhin mit den traumatisierenden Elternfiguren zusammenleben.
- In ihren aktuellen zwischenmenschlichen Beziehungen und damit auch in der Paarbeziehung leiden die Patienten einerseits unter der Angst verlassen und andererseits unter der Angst, beherrscht zu werden (Ruiz-Sancho u. Gunderson 2000).
- Ruiz-Sancho und Gunderson (2000) differenzieren zusammenfassend zwischen den „überengagierten", feindselig-verstrickten und den „unterengagierten" Familiensystemen.

Cierpka (1998, s.a. Cierpka u. Reich 2000) unterscheidet **drei Familien-Typen** bei Borderline-Patienten:
- Die vernachlässigende und emotional missbrauchende Familie ist durch eine emotionale Mangelsituation, Verlusterlebnisse und frühe Trennungen der Kinder von den Eltern oder der Trennung der Eltern geprägt. Die Kinder sind durch Parentifizierung in einer „Fürsorger-Rolle" an die

nicht selten selbst seelisch erkrankten Eltern gebunden.
- In der chaotisch-instabilen Familie finden sich ständige Krisen in den Beziehungen, schwere Ehekonflikte, außereheliche Beziehungen, suizidale beziehungsweise antisoziale Verhaltensweisen. Heftige, impulsiv geäußerte Affekte werden häufig durch Substanzmissbrauch (Drogen, Medikamente, Alkohol) eingedämmt oder auch durch diese noch gefördert. In diesen Familien kommt es gehäuft zu sexuellem Missbrauch, aber auch zu körperlichen Misshandlungen.
- Die Mischgruppe ist durch die Verbindung von Misshandlung und Vernachlässigung charakterisiert. Bei schweren Traumatisierungen sind der Empathiemangel der Eltern und die Grenzüberschreitung bei körperlichen Misshandlungen und sexuellem Missbrauch oft so gravierend, dass mit der emotionalen auch eine Vernachlässigung von basaler Versorgung einhergeht. Autonome Bestrebungen der Kinder werden als gefährlich angesehen und unterdrückt. Zudem lernt der spätere Borderline-Patient in seiner Familie oftmals, dass Krankheit, Elend und möglicherweise sogar Behinderung die Fürsorge der Familie nach sich zieht. Dies fördert passives oder autodestruktives Einfordern von Zuwendung.

Familienmodelle zur Entwicklung von Persönlichkeitsstörungen

Das „Beavers Systems Model"

In System Modell von Beavers (vgl. Thomas 2003) werden zwei **Dimensionen** der **Familienstruktur** beschrieben:
- die Familienkompetenz und
- der Familienstil.

Familienkompetenz beschreibt den Führungs- und Kontrollstil der Familie, die Grenzen zwischen den familiären Subsystemen, die Qualität der Kommunikation und des Konfliktlösungsverhaltens. Familienstil bezieht sich auf die bindenden (zentripetalen), den Zusammenhalt gewährenden und die ausstoßenden (zentrifugalen) Kräfte in den Familien. Entlang dieser Dimensionen werden fünf **Gruppen** von **Familien** unterschieden. Für den familiären Hintergrund von Persönlichkeitsstörungen sind die **Merkmale** der
- „durchschnittlichen zentrifugalen Familien",
- der „Borderline-Familien" und
- der „schwer gestörten zentrifugalen Familien" wichtig.

Bei den „durchschnittlich zentrifugalen Familien" ist die interne Kontrolle gestört. Sie wird auf die Außenwelt projiziert. Häufig werden andere Familienmitglieder beschuldigt und manipuliert. Aggressionen werden offen ausgedrückt, auch in der konflikthaften elterlichen Dyade. Die Kinder weisen oft Verhaltensstörungen auf. In den „Borderline-Familien" sind Grenzenstörungen sehr ausgeprägt. Die Befindlichkeit ist oft zwischen Depression und Aggression schwankend und von Unzufriedenheit gekennzeichnet. Bei den zentripetalen Familien dieses Typus wird Ambivalenz wenig zugelassen. Die Kontrolle ist oft tyrannisch, die Grenzen sind rigide. Hier finden sich zum Beispiel Anankastische Persönlichkeitsstörungen. Beim zentrifugalen Typus wird die Aggression ausagiert. Die offensichtliche und dramatische Ambivalenz wird verleugnet. Hier finden sich die „klassischen" Borderline-Persönlichkeitsstörungen. Die „schwer gestörten zentrifugalen Familien" haben äußerst durchlässige Außengrenzen, sind in ihrer Organisation labil, die Elternbeziehung ist durch Trennungen gekennzeichnet. Hier finden sich häufig Mitglieder mit soziopathischen und antisozialen Persönlichkeitsstörungen.

Das mehrgenerationale Modell von Fonagy

Fonagy (2000) stellt die Entwicklung schwerer Persönlichkeitsstörungen in den Rahmen der Bindungstheorie. Borderline-Patienten haben vor allem einen unsicher-vermeidenden Bindungsstil. Hierbei wirken sich besonders Gewalt, Missbrauch und Vernachlässigung aus. **Misshandelte** haben häufig Beziehungspersonen, die selbst zum „Borderline-Spektrum" schwerer Persönlichkeitsstörungen gehören. Während die Fähigkeit zur

Mentalisierung und Reflexivität in sicheren Bindungen gefördert wird, beschädigt Misshandlung diese und gleichzeitig die Selbst- und Objektrepräsentanzen von Kindern. Insbesondere können sie sich andere Personen nicht als solche mit einer eigenen Innenwelt, eigenem Denken und Fühlen sowie eigener Intentionalität vorstellen. Diese Hemmung der Mentalisierung kann weit gehend ausgeprägt oder auf Teilbereiche, zum Beispiel auf enge persönliche Beziehungen, beschränkt sein. Sie kann auch durch Vernachlässigung oder autoritäres Verhalten der Beziehungspersonen hervorgerufen werden. Entscheidend ist, dass sich das auf die Beziehungsperson angewiesene Kind schützt, indem es sich keine Vorstellungen über die gegen die eigene Person gerichteten, Hass erfüllten oder mörderischen Phantasien des anderen macht. Dies wäre wegen der Abhängigkeit zu bedrohlich. Die Misshandlung oder Vernachlässigung verstärkt diese oft. Die Hemmung der Mentalisierung trägt zusätzlich dazu bei, dass Nähe auf der körperlichen Ebene gesucht wird, häufig beim Misshandler. Durch alternative Erfahrungen außerhalb der Familie können die reflexiven Funktionen und die Mentalisierung gefördert werden. Diese Erfahrungen werden aber rigide vom familiären Bindungskontext getrennt gehalten. Weil in das basale Selbst ein emotional nicht antwortender oder sogar misshandelnder Elternteil aufgenommen wird, muss dieser Teil des Selbst immer wieder als Fremdkörper externalisiert werden, um ein Gefühl von Kohärenz zu wahren. Daher benötigen Borderline-Kinder oder -Erwachsene stets eine andere Person, die sie bedrohen, einschüchtern, verführen, erregen, erniedrigen oder auf Hilflosigkeit reduzieren können. Trennung vom anderen führt zu einer „Rückkehr des Extrojektes", wird daher gefürchtet.

Persönlichkeitsstörungen und das epigenetische Modell familiärer Systeme

Guttmann (2002) konzeptualisiert die Entstehung von Borderline-Persönlichkeitsstörungen nach dem von Wynne (1984) entworfenen Modell der epigenetischen Entwicklung von Familiensystemen. Bereits in dem ersten Bereich des Modells, der Entwicklung des Bindungs- und Fürsorgesystems finden sich bei diesen Patienten häufig ernste Brüche, Vernachlässigungen und Konfrontationen mit gewalttätigen Bindungsfiguren. Für Verbindungen von Störungen in diesem Bereich zu späterer Borderline-Pathologie gibt es eine Reihe von empirischen Hinweisen und Überlegungen (vgl. oben und die weiteren Ausführungen zu empirischen Studien). Das Problem der nächsten Entwicklungsstufe ist die Etablierung von angemessener und bedeutsamer Kommunikation. Hierzu sind eine gemeinsame Perspektive und ein gemeinsamer Fokus erforderlich, der wiederum sichere Bindungserfahrungen voraussetzt. Die Fähigkeit zu gemeinsamer Perspektivität und einem gemeinsamen Fokus in der Kommunikation fehlt in Familien schwer gestörter Patienten häufig. Der Ausdruck von Affekten wird oft blockiert, nicht beantwortet und die Kommunikation ist nicht selten herabsetzend oder verletzend. Klare Kommunikation ist eine wesentliche Voraussetzung für Gegenseitigkeit („mutuality") in Beziehungen. Diese Gegenseitigkeit fehlt oft, weil die zur gemeinsamen Lösung notwendige vertrauensvolle Atmosphäre, in der jeder der Beteiligten von der positiven Bindung und dem sich Einsetzen des anderen für ein gemeinsames Gut überzeugt ist, nicht entwickelt werden konnte. Schließlich können Borderline-Patienten nur schwer eine andauernde Intimität entwickeln, in der Gedanken, Gefühle und Phantasien geteilt werden und die Beziehung so vertieft wird. Eher kommt es zu Momenten von Verständigung, die aber durch Brüche und chaotische Beziehungen eher flüchtig sind.

Empirische Untersuchungen

Zusammenhang zwischen familiären Beziehungen und Persönlichkeitsstörungen

Empirische Studien zum Zusammenhang zwischen familiären Beziehungen und Persönlichkeitsstörungen konzentrieren auf die Bereiche der emotionalen Zuwendung beziehungsweise Vernachlässigung, der Kontrolle sowie der Grenzüberschreitungen und Traumatisierungen, insbesondere durch körperliche Gewalt und sexuellen Missbrauch (vgl. Dulz u. Jensen 2000). Zusammenhänge zwischen emotionaler Zuwendung und Kontrolle einerseits sowie unterschiedlichen Persönlichkeitszügen andererseits können auch bei Gruppen festgestellt werden, die nicht persönlichkeitsgestört sind. So fanden Reti et al. (2002) in einer Gemeindestudie an 742 Probandinnen und Probanden eine Zusammenhang zwischen geringer elterlicher Fürsorge und höherer Restriktivität einerseits und höherem Neurotizismus, geringerer Gewissenhaftigkeit, geringerer Selbstbestimmtheit und höherer Tendenz zur Vermeidung unangenehmer Erfahrungen andererseits.

Es gibt zudem eine bemerkenswerte Evidenz, dass feindselige Eltern-Kind-Beziehungen, unangemessene elterliche Disziplinanforderungen und mangelnde Aufsicht, Nachgeben von Eltern unter dem Druck von Kindern und elterliche Negativität (z.B. herabsetzende Bemerkungen) gegenüber Kindern mit aggressiven und anderen externalisierenden Verhaltensweisen bei Jugendlichen einhergehen (z.B. Konflikten in der Schule, Schikanieren von anderen). Derartige Verhaltensweisen können als Vorläufer von späteren Persönlichkeitsstörungen angesehen werden. Feindselige, auf Zwang basierende Geschwisterbeziehungen tragen zu diesen Verhaltensweisen ebenfalls erheblich bei (Jungmeen et al. 1999). Die zuletzt genannte Studie ist auch deswegen besonders relevant, weil sie die Direktbeobachtung von Familien einschloss. Parker et al (1999) wiesen einen noch direkteren Zusammenhang zwischen dem (von Patienten eingeschätzten) **elterlichen Stil** und Persönlichkeitsstörungen nach. Bei Patientinnen und Patienten mit höheren Zügen von Borderline-, ängstlicher, depressiver oder selbstschädigender Persönlichkeit war der elterliche Stil wenig fürsorglich, überkontrollierend und verletzend. Konsistente Beziehungen ergaben sich zudem zwischen den Cluster-C- (vermeidend, selbstunsicher, zwanghaft) sowie den Cluster-B- (antisozial, Borderline, histrionisch, narzisstisch) Persönlichkeitsstörungen und dysfunktionalen elterlichen Stilen, aber nicht zwischen diesen und Cluster-A-Störungen (schizoid, schizotypisch). Leider konnte in dieser Untersuchung nicht weiter zwischen einzelnen Persönlichkeitsstörungen differenziert werden.

Dies wurde in der seit 1975 durchgeführten Langzeitstudie von Johnson et al. (1999) etwas deutlicher möglich. Insgesamt zeigte sich hier, dass Personen mit dokumentierter Vernachlässigung beziehungsweise dokumentierter Misshandlung und sexuellem Missbrauch ein vierfach höheres Risiko hatten, eine Persönlichkeitsstörung während des frühen Erwachsenenalters zu entwickeln als andere. Dieser Befund ist besonders deshalb bedeutsam, weil die Einflüsse des kindlichen Temperaments sowie des Bildungsniveaus und psychiatrischer Erkrankungen der Eltern statistisch kontrolliert wurden. Körperliche Misshandlungen waren mit erhöhten Symptomen von Antisozialen, Borderline, Passiv-aggressiven und Schizotypischen Persönlichkeitsstörungen assoziiert, sexueller Missbrauch mit erhöhten Symptomen von Borderline-, Histrionischen und Depressiven Persönlichkeitsstörungen. Vernachlässigung war mit einer ganzen Reihe von Störungen wie antisozialen, vermeidenden, Borderline-, abhängigen, narzisstischen, passiv-aggressiven und schizotypischen verbunden. Wenn die Symptome anderer Persönlichkeitsstörungen berücksichtigt wurden, war körperliche Misshandlung am ehesten mit antisozialen und depressiven Symptomen von Persönlichkeitsstörungen verknüpft, sexueller Missbrauch mit der Borderline-Störung, Vernachlässigung mit Symptomen der Antisozialen, Vermeidenden, Borderline- und Narzisstischen und Passiv-aggressiven Persönlichkeitsstörung. Vernachlässigung scheint demnach ein eher unspezifischer Faktor in der Pathogenese von Persönlichkeitsstörungen zu sein, sexueller Missbrauch ein **spezifischerer Faktor** in der Genese von Borderline-Störungen. Diese Befunde von Johnson et al. stützen jene von Bernstein et al. (1998), die in einer retrospektiven Untersuchung eine enge Assoziation zwischen körperlicher Misshandlung und Vernachlässigung sowie antisozialen und sadistischen Persönlichkeitszügen fanden, ferner emotionalen Missbrauch bei einer ganzen Reihe von Persönlichkeitsstörungen in allen Clustern und einen besonders starken Zusammenhang zwischen sexuellem Missbrauch und Borderline-Störungen, der sich bei anderen Persönlichkeitsstörungen nicht zeigte.

Die Studie von Johnson et al. (1999) bestätigt zudem, dass retrospektive Berichte über Misshandlungen in der Kindheit mit hoher Wahrscheinlichkeit kein Artefakt verzerrter Erinnerung sind. Sie wirft zudem ein Licht auf die – in epidemiologischen Studien weit gehend nicht berücksichtigte – Bedeutung der Vernachlässigung für die Entwicklung von Persönlichkeitsstörungen: Nicht nur Misshandlungen und Missbrauch in der Kindheit vervierfachen das Risiko, gegenüber Familienmitgliedern und Sexualpartnern gewalttätig zu werden (Neugebauer 2000), auch Vernachlässigung ohne Misshandlung verdoppelt das Risiko, wegen Gewalttätigkeit arrestiert zu werden (Neugebauer 2000, s.a. Preski u. Shelton 2001). Die **Glaubwürdigkeit** von Angaben zu Misshandlung und Missbrauch bei Borderline-Patientinnen wird zudem durch eine Vergleichsstudie von Laporte und Guttman (2001) unterstützt. Hier wurden auch die Eltern befragt. Diese bestätigten die Berichte der Patientinnen. Letztere hatten mehr verbale und körperliche Misshandlungen sowie sexuellen Missbrauch erlitten als Anorektikerinnen und die normale Kontrollgruppe. Der sexuelle Missbrauch hatte zudem häufiger, innerhalb der Familie und in jüngerem Alter stattgefunden als in den Vergleichsgruppen. Geschwister der Patientinnen waren in ähnlicher Weise betroffen wie diese. Auch dies spricht für Untersuchungen des gesamten Familiensystems und nicht nur der Patientin. Diese Ergebnisse führen uns zu den empirischen Studien, die sich speziell mit dem familiären Hintergrund von Borderline-Patienten befassen.

Familiärer Hintergrund von Borderline-Patienten

Familienstudien fanden eine erhöhte Anzahl von Borderline-Persönlichkeitsstörungen bei Verwandten ersten Grades späterer Patienten (Cierpka 1998, Ruiz-Sancho u. Gunderson 2000). Eine Wurzel der Borderline-Störung in einer affektiven Erkrankung konnte bisher nicht nachgewiesen werden. Erhöhte Prävalenzraten von affektiven Erkrankungen bei Angehörigen finden sich offenbar hauptsächlich bei Patienten, die selbst affektiv erkrankt sind. Eine ganze Reihe von Untersuchungen zeigt bei engen Verwandten von Borderline-Patienten ein erhöhtes Ausmaß an Substanzmissbrauch und eine Neigung zu impulsivem Verhalten. Dies legt nahe, dass der Umgang mit Impulsen in der Familie schwierig ist.

Die dauernde oder immer wiederkehrende Konfrontation mit aggressivem und impulsivem elterlichen Verhalten dient vermutlich als Modell für pathologische Identifizierungen bei den späteren Patientinnen (Ruiz-Sancho u. Gunderson 2000). Nach Torgersen (2000) kann eine genetische Beteiligung bei der Weitergabe von Borderline-Persönlichkeitszügen vermutet werden; diese ist aber nicht sicher. Für eine genetische Verwandtschaft von Borderline- und affektiven Störungen sowie Substanzmissbrauch oder Schizophrenie gebe es keinen Anhaltspunkt.

Frühe Trennungen in der Kindheit treten bei Borderline-Patienten zwar gehäuft auf, sind aber kein spezifischer pathogener Faktor (Ruiz-Sancho u. Gunderson 2000). Im Gegenteil: Zunächst wurden die feindselig-abhängigen, trennungsresistenten überinvolvierten Familien als Prototyp beschrieben. Hier stehen die Patienten im Kampf um ihre Unabhängigkeit beziehungsweise Abhängigkeit. Ihre Individuationsversuche rufen Trennungsangst und verstärkte Einmischung der Eltern hervor. Die engen Bindungen entspringen eher dem Wunsch nach Kontrolle des Kindes als dem nach (altersangemessener) Fürsorge. Hierfür wurde der Begriff der „lieblosen Fürsorge" („affectionless contol") geprägt (vgl. Ruiz-Sancho u. Gunderson 2000). Weitere Untersuchungen zeichneten das Bild einer vernachlässigenden Familienatmosphäre mit dem Fehlen von emotionaler Verfügbarkeit, Schutz und Empathie; Vernachlässigungen scheinen gegenüber Verstrickungen häufiger verbreitet zu sein. Zudem scheint es in Familien von Borderline-Patienten oft Feindseligkeit, Konflikte und eine Unvorhersehbarkeit von Verhaltensweisen und Reaktionen zu geben. In der Längsschnittstudie von Berzigianian et al. (1993) stellte sich inkonsistentes mütterliches Verhalten als wesentlicher Prädiktor für die Ausbildung einer Borderline-Pathologie heraus. In den Familien besteht zudem oft eine nur unzureichende Rollenteilung, die interpersonellen und Generationengrenzen sind verwischt, die Hierarchie und die Kommunikation unklar (vgl. Ruiz-Sancho u. Gunderson 2000). Die empathische Wahrnehmung der Kinder durch die Eltern erscheint zudem häufig als gestört. Beziehungspersonen neigen offensichtlich dazu, die Kinder in egozentrischer Weise wahrzunehmen (Golomb et al. 1994) und kein Gefühl für deren inneres Erleben zu entwickeln. Familienmitglieder von Borderline-Patienten zeigen ein hohes Ausmaß an Alexithymie, insbesondere ein komplementäres Muster von ausgeprägter Alexithymie bei einem und ein geringes Ausmaß von Empathie bei dem anderen Elternteil (Guttman u. Laporte 2002).

Eine Vielzahl von Untersuchungen belegt das gehäufte Auftreten von Missbrauch und Misshandlungen bei Borderline-Patienten. Allerdings scheint auch dieser Faktor nicht spezifisch zu sein, da ein erheblicher Prozentsatz dieser Gruppe nicht von derartigen Erfahrungen berichtet (20 bis 40% [vgl. Ruiz-Sancho u. Gunderson 2000]). Weil sich auch andere Formen von familiären Grenzenstörungen, elterlicher Inkonsistenz in der Zuwendung und im Verhalten, Impulsivität und Vernachlässigung in schwer wiegender Weise schädigend auf die Persönlichkeitsorganisation auswirken, sollten Misshandlung und Missbrauch vor allem als ein Zeichen für eine breitere Störung der familiären Strukturen, insbesondere der Generationen- und interpersonellen Grenzen sowie der affektiven Bezogenheit angesehen werden.

Eine neuere Untersuchung von Zanarini et al. (2000) belegt, dass bei Borderline-Störungen ein breites **Versagen der Zuwendung von beiden Eltern** („biparental failure") vorzuliegen scheint. 84% der untersuchten 358 Borderline-Patienten berichteten von Misshandlung oder Vernachlässigung von Seiten beider Eltern vor dem 18. Lebensjahr, 77% berichteten von Vernachlässigung und 55% von Misshandlung durch beide Eltern. Allerdings war der entsprechende Prozentsatz in der klinischen Vergleichsgruppe (Achse-II-Störungen nach DSM-IV) ebenfalls nicht gering (61%, 55%, 31%). Borderline-Patienten wurden signifikant stärker als die Vergleichsgruppe verbal, emotional und körperlich, aber nicht sexuell, durch die Pflegepersonen misshandelt. Die Beziehungspersonen verleugneten zudem in weit stärkerem Ausmaß die Validität der Gedanken und Gefühle der Patienten, konnten nicht den notwendigen Schutz bieten, vernachlässigten die körperliche Fürsorge, zogen sich emotional von ihnen zurück und behandelten sie wechselhaft. Borderline-Patientinnen, die von Vernachlässigung durch weibliche und Misshandlung durch männliche Pflegepersonen berichteten, hatten zudem ein erhöhtes Risiko, sexuell durch eine andere Person (noncaretaker) missbraucht zu werden.

Gewalt- und Missbrauchserfahrungen setzen sich im Erwachsenenalter von Borderline-Patienten fort (Zanarini et al. 1999). Diese haben eine signifikant höhere Wahrscheinlichkeit als solche mit anderen Erkrankungen der Achse II (DSM-IV), körperlich von ihrem Partner misshandelt zu werden oder sexuelle Gewalterfahrungen zu machen. Vier **Risikofaktoren** ermöglichen die Vorhersage von **Gewalterfahrungen im Erwachsenenalter:**

- weibliches Geschlecht
- Substanzmissbrauch vor dem 18. Lebensjahr
- sexueller Missbrauch in der Kindheit
- emotionaler Rückzug der Beziehungsperson.

Resümee

Die Beziehungen zwischen Persönlichkeitsstörungen sowie Familien- und Paarbeziehungen bedürfen weiterer differenzierter Erforschung durch prospektive Studien, multiperspektivische Untersuchungen der Beziehungen, die die Sichtweisen von Eltern, Geschwistern und Partnern einbeziehen, sowie Untersuchungen der konkreten Interaktion zwischen den Familienmitgliedern beziehungsweise Partnern. Vernachlässigung, übermäßige Kontrolle und ein Mangel an emotionaler Resonanz scheinen als basale Faktoren zu einer ganzen Reihe von Persönlichkeitsstörungen beizutragen, insbesondere zu Cluster-B- und Cluster-C-Störungen. Massive familiäre Störungen der Impulskontrolle, der interpersonellen und Generationengrenzen, insbesondere aggressive Impulsdurchbrüche, Misshandlungen und sexueller Missbrauch scheinen mit schweren, insbesondere antisozialen und Borderline-Störungen verbunden zu sein.

Familien- und Paartherapie bei Persönlichkeitsstörungen

Wegen der oft intensiven Verzahnung von Persönlichkeitsstörungen mit den interpersonellen Beziehungen der Beteiligten ist die Einbeziehung dieses Umfeldes in den diagnostischen und therapeutischen Prozess in der Regel indiziert und für Fortschritte in der Behandlung notwendig (vgl. Cierpka u. Reich [2000] und die dort aufgeführten Indikationskriterien). Häufig geht die Initiative zur Behandlung nicht vom Index-Patienten sondern vom Umfeld aus, zum Beispiel bei Jugendlichen oder Paaren. In der Regel muss bei diesen Störungen eine kombinierte Einzel- und Familienbehandlung (parallel oder sequenziell) durchgeführt werden, bei schweren Störungen auch mit stationären Behandlungsabschnitten (vgl. Cierpka u. Reich 2000, Ruiz-Sancho u. Gunderson 2000). Differenzierte Leitlinien für die familien- oder paartherapeutische Behandlung der sehr unterschiedlichen Persönlichkeitsstörungen zu geben, ist ein unmögliches Unterfangen. Grundsätzlich kann man zwei Arten von **Interventionen** in der **Familien- und Paartherapie** unterscheiden, die auch in diesen Fällen zur Geltung kommen:

- Interventionen, die ein rigides, „übersteuertes" System aus der dysfunktionalen Balance bringen, um Veränderungen möglich zu machen („unbalancing"). Dies kann bei anankastischen und ängstlich-anhängigen Störungen der Fall sein (vgl. Reich et al. 1988).
- Interventionen, die es in einem in der Impulskontrolle und Affektregulierung „untersteuerten" System mit zu heftigen Reaktionen neigenden Interaktionspartnern ermöglichen soll, eine Balance zu finden („balancing"), von der aus weitere Veränderungen möglich sind. Bei diesen Störungen wird Paar- und Familientherapie oft in einer Krisensituation gesucht.

Zur Etablierung eines therapeutischen Systems und der Durchführung einer Familien- oder Paartherapie erscheint in unserem Kontext die Beachtung folgender Aspekte notwendig:

- Im Sinne der „viel gerichteten Parteilichkeit" (Boszormenyi-Nagy u. Krasner 1986) muss möglichst allen Familienmitgliedern beziehungsweise beiden Partnern eine Halt gewährende, unterstützende Beziehung zur Verfügung gestellt werden. Das ist oft dann schwierig, wenn ein Verstehen der Sicht eines Familienmitgliedes mit einer Parteinahme für dieses verwechselt wird. Gerade schwer gestörte Patienten, die zum Ausagieren neigen, und ihre Angehörigen können häufig nicht zwischen „verstehen" und „billigen" beziehungsweise „der gleichen Ansicht sein" differenzieren. Diese Unterscheidungsfähigkeit stellt sich oft erst im Laufe der Behandlung ein.
- Zur Etablierung eines Arbeitsbündnisses können Einzelgespräche mit Familienmitgliedern nötig sein. Da Hinterfragen der Positionen oder Konfrontationen eines Familienmitgliedes durch die Therapeuten nicht selten von anderen als Bestätigung ihrer Sicht und von den Betreffenden als Angriff oder Bloßstellung erlebt werden, kann es manchmal produktiver sein, diese in Einzelgesprächen vorzunehmen oder mit Hilfe systemischer Fragetechniken die mögliche Wirkung von Konfrontationen im Beziehungssystem zu explorieren, bevor diese erfolgen (vgl. Reich 1990; 2002).
- In der Behandlung können die Kräfte der Familienloyalität und die hiermit zusammenhängenden Bindungen kaum überschätzt werden. Diese Tiefendimension familiärer Beziehungen wird oft dann nicht genügend beachtet, wenn die Persönlichkeitsstörungen mit Traumatisierungen im Zusammenhang stehen. Hierauf weisen auch Ruiz-Sancho und Gunderson (2000) ausdrücklich hin. Eine verfrühte Trennung in verstrickten Familiensystemen kann beim Patienten zu Dekompensation und kontraproduktiver Abhängigkeit vom Therapeuten und bei der Familie oder beim Partner zu einer Ablehnung der Behandlung führen (Ruiz-Sancho u. Gunderson 2000, S. 790). Nichtbeachtung der Loyalitätsdimension führt nicht selten zu Behandlungsabbrüchen oder negativen therapeutischen Reaktionen.
- Die Mehrgenerationen-Perspektive (Cierpka u. Reich 2000; Massing et al. 1999; Reich

2002) hilft dabei, die familiären Verstrickungen und damit auch das Schicksal der Eltern besser zu verstehen. Hierdurch können zudem die Einflüsse von äußeren Faktoren, zum Beispiel von zeitgeschichtlichen oder sozialen Veränderungen, besser eingeschätzt und gewichtet werden. Eine viel gerichtete Parteilichkeit gegenüber allen Familienmitgliedern beziehungsweise beiden Partnern kann leichter entwickelt und gewahrt werden.

- Auch die Index-Patienten sind aktive Teilnehmer an den familiären Interaktionen, die durch Projektionen und Verzerrungen dysfunktionale Beziehungsmuster aufrechterhalten und an diesen festhalten. Auch wenn man inzwischen davon ausgeht, dass Berichte über Vernachlässigungen und Misshandlungen weitgehend zuverlässig sind, schließt dies nicht aus, dass wesentliche Teilbereiche der Beziehung durch projektive Mechanismen und interpersonelle Abwehr gestaltet werden (vgl. Kottje-Birnbacher 2000). Gerade das macht die Therapie bei schweren Persönlichkeitsstörungen oft diffizil und zu einer Gratwanderung, bei der die folgenden zwei Gefahren zu beachten sind (s. hierzu Cierpka u. Reich 2000).
- In sehr destruktiven familiären Systemen muss die Gefahr der Retraumatisierung durch die Begegnung mit den Tätern beachtet werden. Nicht selten kommt hier es zu Situationen, in denen die Wahrnehmung des Opfers invalidiert oder bagatellisiert wird. Hier müssen häufig vom Therapeuten die Generationengrenzen, die familiäre Hierarchie und damit die Verantwortlichkeiten klar definiert werden. Wenn dies in gemeinsamen Gesprächen nicht möglich ist, muss zunächst in getrennten Sitzungen mit den verschiedenen „Parteien" gearbeitet werden. Besonders in diesen Situationen ist Co-Therapie essenziell.
- Familien- oder Paartherapie kann vom Index-Patienten oder den Angehörigen als Anklagetribunal verstanden werden, in dem „Wiedergutmachung" erreicht werden soll. Eine solche Erwartung kann manchmal im Familien- oder Paarsetting nur schwer zu bearbeiten sein. Auch hier sind intermittierende Einzelgespräche zur Klärung dieser Motivationen hilfreich.
- Mit Familien- und paartherapeutischen Interventionen auf psychoanalytischer beziehungsweise mehrgenerationaler Grundlage wird versucht, die Fähigkeit zur wechselseitigen Wahrnehmung der Beteiligten, insbesondere von deren intrapsychischem Raum, zu fördern. Ziel ist dabei, dass die beteiligten Personen wahrzunehmen verstehen, wie die anderen sie und ihre Handlungen wahrnehmen. Diese Perspektivität ist bei schweren Persönlichkeitsstörungen verloren gegangen oder nie entwickelt worden (vgl. Fonagy 2000). Die „Anerkennung" der Gefühle und Motive des anderen („acknowledgement", [Boszormenyi-Nagy u. Krasner 1986]) ist ein wesentlicher Schritt zur Besserung. Anerkennung bedeutet auch hier nicht „Billigung" sondern die Entwicklung von „Gegenseitigkeit" (vgl. oben). „Gegenseitigkeit" schließt die Anerkennung von Unterschieden und Grenzen sowie die Übernahme von Verantwortung für das eigene Handeln ein. „Anerkennung" und „Gegenseitigkeit" helfen dabei, die familiären Schuld- und Verdienstkonten neu zu ordnen und die Korruption der Beziehungen zu vermindern.
- Therapie mit schweren Persönlichkeitsstörungen ist daher oft klarifizierende Arbeit und umfasst häufig Strecken von „Einzeltherapie in Gegenwart des anderen", der durch die Exploration von Seiten des Therapeuten zuhören lernen kann. In verstrickten Familien geht es dabei um Entflechtung, in distanziert-vernachlässigenden Familien um die vorsichtige Förderung von (Wieder-)Annäherung (vgl. auch Ruiz-Sancho u. Gunderson 2000).
- Am Ende einer Behandlung steht, wenn sie gut verläuft, die Anerkennung der Begrenzt-

heit der Möglichkeiten der Beziehungspersonen und der eigenen Person, die oft erst den Weg für eine konstruktive Ausschöpfung der eigenen Möglichkeiten frei macht.

Fallbeispiel einer Paartherapie

Die Darstellung einer Paartherapie soll diese Aspekte zum Teil verdeutlichen.

Frau A. (42 Jahre, niedergelassene Allgemeinärztin) und Herr A. (45 Jahre, Berufsschullehrer) melden sich gemeinsam zur Paartherapie an. Sie haben eine siebenjährige Tochter und einen fünfjährigen Sohn. Immer wieder kommt es zu heftigen Auseinandersetzungen zwischen beiden mit Wutausbrüchen, lauten Beschimpfungen, Werfen von Gegenständen und auch Schlägereien. Bisweilen stürzt Herr A. dann aus dem Haus und rast mit extrem hoher Geschwindigkeit über die Autobahn. Nach den Streitigkeiten kommt es zu intensiven Versöhnungen, meist mit Sexualverkehr. Herr A. neigt zudem zu tagelangem schweigendem Rückzug, wird depressiv, ist gleichzeitig von Wut und Selbstwertzweifeln geplagt. Außerhalb dieser Phasen hält er den Kontakt zu den Kindern auch bei Streitigkeiten relativ ungestört aufrecht. Frau A. wird immer wieder von heftigen Panikattacken überfallen, oft im Vorfeld von Auseinandersetzungen mit ihrem Mann oder in ihrer Praxis. Eine Zeit lang hat sie Schmerzmittelabusus betrieben. Beide Partner neigen zum Alkoholabusus. Für Frau A. ist diese Ehe die zweite, für Herrn A. die dritte. Die vorhergehende Ehe von Frau A. wurde wegen vielfältiger Auseinandersetzungen und außerehelicher Beziehungen beider Partner geschieden. Nach der Scheidung sprang sie in einer depressiven Krise aus einem Fenster im vierten Stock, was sie mit schweren, sie heute noch beeinträchtigenden Brüchen überlebte. Herrn A.'s vorhergehende Ehen dauerten jeweils nicht länger als zwei Jahre. In beiden kam es nach anfänglicher Idealisierung zu tiefen Enttäuschungen, sexuellen Entwertungen, Hass erfüllten gewalttätigen Auseinandersetzungen und Außenbeziehungen.

Beide Partner hatten bereits mehrere Psychotherapieversuche und Psychotherapien, auch stationär, hinter sich, Frau A. zum Beispiel wegen massiver Prüfungsängste beim Abschluss des Studiums sowie während der Facharztausbildung, wo sie sich überfordert und abgewertet fühlte. In dieser Zeit lernte sie ihren ersten Mann kennen, den sie zunächst als "Retter" empfand.

In den 36 Paargesprächen sollten beide Partner Raum bekommen, ihr Erleben aus ihrer subjektiven Sicht zu schildern, ohne dass sich der andere so angegriffen fühlte, dass er die Behandlung abbrach. Insbesondere Herr A. neigte zu heftigen Wutausbrüchen, wenn die Therapeuten sich verstärkt seiner Frau zuwandten. Er griff zudem Deutungen schnell auf oder zitierte Deutungen aus vorhergehenden Therapien, um seine Frau zu kritisieren und zu entwerten. Diese wiederum versuchte, die Therapeuten in ein Bündnis gegen ihren Mann zu ziehen, indem sie sich nur als Opfer des tyrannischen Partners darstellte, eigenes provokatives Verhalten und Entwertungen nicht bemerkte. Frau A. erlebte ihren Mann als dominantes, sie einengendes, ihr Freude vorenthaltendes Objekt, das sie zugleich verachtete. In dem ersten Aspekt erschien der Ehemann als eine Mischung von Mutter und Großmutter, in dem zweiten als der verachtete Vater. Mit dessen Unterwürfigkeit war Frau A. ebenso identifiziert wie mit seinem Substanzmissbrauch. Gegen diese Identifikation wehrte sie sich unbewusst heftig, indem sie die entwertenden Züge von Mutter und Großmutter gegenüber ihrem Mann annahm.

Herr A. erlebte seine Ehefrau oft als ein so bedrohliches Objekt wie seinen Stiefvater. Gleichzeitig spürte er seiner Ehefrau gegenüber eine Verachtung und tiefe Enttäuschungsaggression, so wie seiner Mutter gegenüber, die ihn in Konflikten nie unterstützt hatte. Beide Partner hatten das Gefühl, der andere wolle ihm etwas vorenthalten, was ihm eigentlich zustehe. Der Partner sollte den Mangel an Zuwendung sowie Demütigungen und Gewalttätigkeit der jeweiligen Ursprungsfamilie wieder gutmachen. Da dies nicht geschah, fühlten sich beide berechtigt, destruktiv und zum Teil auch autodestruktiv zu handeln, die Beziehung zu zerstören, so wie die Beziehung ihrer Eltern immer wieder zerstört wurde. Auch die Kinder wurden zeitweise in diesem Zusammenhang gesehen, obwohl es den Partnern insgesamt erstaunlich gut gelang, diese aus den Konflikten heraus zu halten. Insbesondere Herr A. hatte zudem immer das Gefühl, etwas Besonderes zu sein und besondere Ansprüche stellen zu dürfen. Auch dies führte oft zu tiefer Enttäuschungsaggression, die er entsprechend ausagierte.

Beiden war es nur sehr langsam möglich, konflikthafte Interaktionen und die Wirkung eigener blindwütiger Äußerungen durch die Brille des jeweils anderen zu sehen. Dies stellte sich erst gemeinsam mit der Trauer darüber ein, dass beide das früher nicht gehabte vom jeweils anderen nicht erwarten und vom Zusammenleben, mit wem auch immer, nicht einfordern können. Dies ermöglichte ein

Zusammenleben mit reduzierten Erwartungen an den Partner und eine Rückbesinnung auf eigene Möglichkeiten. Diese Distanzierung wiederum verbesserte die gegenseitige Verständigung.

Literatur

Bernstein DP, Stein JA, Handelsman L (1998). Predicting personality disorders among adult patients with substance use disorders: effects of childhood maltreatment. Addict Behav 23: 855-68.

Berziganian S, Cohen P, Brooks JS (1993). The impact of mother-child interaction on the development of borderline personality disorder. Am J Psychiatry 150: 1836-42.

Boszormenyi-Nagy I, Krasner B (1986). Between Give and Take. A Clinical Guide to Contextual Therapy. New York: Brunner u. Mazel.

Boszormenyi-Nagy I, Spark GM (1973). Unsichtbare Bindungen. Stuttgart: Klett-Cotta.

Cierpka M (Hrsg) (1998). Patienten mit Borderline-Störungen und ihre Familien. Persönlichkeitsstörungen 2: 22-31.

Cierpka M, Reich G (2000). Familientherapie bei Patienten mit Borderline-Störungen. In: Handbuch der Borderline-Störungen. Kernberg OF, Dulz B, Sachsse U (Hrsg). Stuttgart, New York: Schattauer; 613-23.

Dulz B, Jensen M (2000). Aspekte einer Traumaätiologie der Borderline-Persönlichkeitsstörung: psychoanalytisch-psychodynamische Überlegungen und empirische Daten. In: Handbuch der Borderline-Störungen. Kernberg OF, Dulz B, Sachsse U (Hrsg). Stuttgart, New York: Schattauer; 167-94.

Fonagy P (2000). Attachment and borderline personality disorder. J Am Psychoanal Assoc 48: 1129-46.

Golomb A, Ludolph P, Westen D, Block MJ, Maurer P, Wiss FC (1994). Maternal empathy, family chaos, and the etiology for borderline personality disorder. J Am Psychoanal Assoc 42: 252-48.

Guttman HA (2002). The epigenesis of the family system as a context of individual development. Fam Process 41: 533-45.

Guttman H, Laporte L (2002). Alexithymia, empathy, and psychological symptoms in a family context. Compr Psychiatry 43: 448-55.

Johnson JG, Cohen P, Brown J, Smailes EM, Bernstein DP (1999). Childhood maltreatment increases risk for personality disorders during early adulthood. Arch Gen Psychiatry 56: 600-6.

Jungmeen EK, Hetherington EM, Reiss D (1999). Associations among family relationships, antisocial peers, and adolescents' externalizing behaviors: gender and family type differences. Child Dev 70: 1209-30.

Kottje-Birnbacher L (2000). Paarbeziehungen und Paartherapie bei Borderline-Persönlichkeiten. In: Handbuch der Borderline-Störungen. Kernberg OF, Dulz B, Sachsse U (Hrsg). Stuttgart, New York: Schattauer; 792-802.

Laporte L, Guttman H (2001). Abusive relationships in families of women with borderline personality disorder, anorexia nervosa and control group. J Nerv Ment Dis 189: 522-31.

Massing A, Reich G, Sperling E (1999). Die Mehrgenerationen-Familientherapie. Göttingen: Vandenhoeck u. Ruprecht. 4. Aufl.

Neugebauer R (2000). Research on intergenerational transmission of violence: the next generation. Lancet 355: 1116-7.

Parker G, Roy K, Kay W, Mitchel P, Austin M-P, Hadzi-Pavlovic D (1999). An exploration of links between early parenting experiences and personality disorder type and disordered personality functioning. J Personal Disord 13: 361-74.

Preski S, Shelton D (2001). The role of contextual, child, and parent factors in predicting criminal outcomes in adolescence. Issues Ment Health Nurs 22: 197-205.

Reich G (1990). Psychoanalytische und systemische Familientherapie – integrative Aspekte und Differenzen in Theorie und Praxis. In: Psychoanalytische Wege der Familientherapie. Massing A (Hrsg). System Familie. Supplement-Band. Heidelberg, Berlin: Springer; 97-143.

Reich G (2002). Mehrgenerationen-Familientherapie. In: Lehrbuch der Paar- und Familientherapie. Wirsching M, Scheib P (Hrsg). Berlin, Heidelberg: Springer; 247-62.

Reich G, Huhn S, Wolf-Kussl C (1988). Interaktionsmuster bei „zwangsstrukturierten" Familien. Prax Kinderpsychol Kinderpsychiatr 37: 17-24.

Reich G, Massing A, Cierpka M (2003). Die Mehrgenerationenperspektive und das Genogramm. In: Handbuch der Familiendiagnostik. Cierpka M (Hrsg). Heidelberg, Berlin: Springer; 289-324. 2. aktualisierte u. ergänzte Auflage

Reti IM, Samuels JF, Eaton WW, Bienvenue III J, Costa PT, Nestadt G (2002). Influences of parenting on normal personality traits. Psychiatry Res 111: 55-64.

Richter HE (1963). Eltern, Kind, Neurose. Reinbek: Rowohlt.

Richter HE (1972). Patient Familie. Reinbek: Rowohlt.

Ruiz-Sancho A, Gunderson JG (2000). Familien von Patienten mit Borderline-Störungen: Ein Literaturüberblick. In: Handbuch der Borderline-Störungen. Kernberg OF, Dulz B, Sachsse U (Hrsg). Stuttgart, New York: Schattauer; 771-92.

Shapiro ER, Zinner J, Shapiro RL, Berkowitz DA (1975). The influence of family experience on borderline personality development. Int J Psycho-Anal 2:399-411

Stierlin H (1978). Delegation und Familie. Frankfurt: Suhrkamp.

Torgersen S (2000). Genetische Aspekte bei Borderline-Störungen.. In: Handbuch der Borderline-Störungen. Kernberg OF, Dulz B, Sachsse U (Hrsg). Stuttgart, New York: Schattauer; 217-24.

Thomas V (2003). Prozessmodelle und Ratingskalen. In: Handbuch der Familiendiagnostik. Cierpka M (Hrsg). Heidelberg, Berlin: Springer; 469-485. 2. aktualisierte u. ergänzte Auflage

Willi J (1975). Die Zweierbeziehung. Reinbek: Rowohlt.

Wolberg A (1968). Patterns of interaction in families of borderline patients. In: New Directions in Mental Health. Riess BF (ed.). New York: Grune u. Stratton; 100-15.

Wynne LC (1984). The epigenesis of relational systems: A model for understanding family development. Fam Process 23: 297-318

Zanarini MC, Frankenburg FR, Reich DB, Marino MF, Haynes MC, Gunderson JG (1999). Violence in the adult lives of borderline patients. J Nerv Ment Dis 187: 65-71.

Zanarini MC, Frankenburg FR, Reich DB, Marino MF, Lewis RE, Williams BS, Gagan SK (2000). Biparental failure in the childhood experience of borderline patients. J Personal Disord 14: 264-73.

Peter Joraschky und Katja Petrowski

Die Rolle der Familie bei Entstehung und Behandlung von sexuellem Missbrauch

Schlüsselwörter
Langzeitfolgen von Traumatisierung, sexueller Missbrauch als extra- und intrafamiliäres Trauma, Grenzenstörungen in Familien, die inzestoide Familie, Familientherapie bei sexuellem Missbrauch

Keywords
Long term effects of traumatization, sexual abuse as extra- und intra-family trauma, blurred boundaries in families, incestuous families, family therapy for sexual abuse

Zusammenfassung
Prospektive Längsschnittuntersuchungen zu Risikofaktoren für psychische und körperliche Erkrankungen ergaben in den letzten Jahren interessante Ergebnisse zu den Auswirkungen kindlicher Belastungsfaktoren. Das Wechselspiel von Resilienz und kumulativen Traumatisierungen ist im Einzelfall als sehr komplex zu betrachten, insbesondere im familiären Kontext mit der häufigen Koinzidenz von Vernachlässigung, Gewalt und/oder sexuellem Missbrauch. Zu außer- und innerfamiliären sexuellen Übergriffen liegt eine umfangreiche empirische Literatur vor. Intrafamiliäre Grenzüberschreitungen wirken sich durch die kindlichen Abhängigkeitsprozesse besonders für die Selbstregulation und spätere interpersonelle Beziehungsgestaltung als pathogene Faktoren aus. Unter systemischen Aspekten wird die Oberflächendimension sowie unter mehrgenerationeller Betrachtung der Transfer von Traumatisierungen als Tiefenstruktur für die intrafamiliäre Grenzenregulation dargestellt. Die Inzestvulnerabilität als Stressmodell wird vor dem Hintergrund individueller, dyadischer und systemischer Prozesse im Hinblick auf die Abwehr- und Bewältigungsmöglichkeiten von Familien konzipiert. Einzel- wie familiensystemische Ansätze in der Therapie weisen vielversprechende Ergebnisse auf.

Summary
Recent longitudinal studies of risk factors for psychological and physical illnesses have shown interesting results on the impact of infantile stress factors. The complex interaction between resilience and accumulated traumatizations needs to be carefully analyzed on an individual basis, especially for families in the context of negligence, violence, or sexual abuse. Extra- and intra-family sexual abuse has been empirically well studied and published. As pathogenic factor, blurred boundaries within a family strongly influence self regulation and style of later social interaction because of child-parent dependency structure. Based on a systemic model the dimensions of surface and the transfer of traumatization as underlying structure from a multi-generation point of view are described in order to regulate intra-family boundaries. The stress model of incest vulnerability was developed to increase defense and coping strategies in families based on individual, dyadic and systemic processes. Systemic approaches for both individual and family therapy already show promising results.

The role of the family in origin and treatment of sexual abuse

Persönlichkeitsstörungen 2003; 7: 84–94

Es ist uns heute geläufig, bei vielen psychischen Erkrankungen, insbesondere bei Borderline-Persönlichkeitsstörungen nach intrafamiliären Traumatisierungen zu fragen. In Fragebogenuntersuchungen zur Selbsteinschätzung sexuellen Missbrauchs findet sich bei Borderline-Patienten eine Häufigkeit von circa 70% (Haaf et al. 2001), wobei diese Zahlen eher als niedrig eingeschätzt werden müssen, da während der Therapien häufig bis dahin verleugnete kindliche Belastungsfaktoren, insbesondere wenn sie sich auf die Familie beziehen, offenkundig werden. Etwa seit Mitte der 80er-Jahre wurden vor allem im Rahmen der analytischen

---
Prof. Dr. med. Peter Joraschky, Universitätsklinikum Carl Gustav Carus Dresden, Klinik und Poliklinik für Psychotherapie und Psychosomatik, Fetscherstraße 74, 01307 Dresden

© 2003 Schattauer GmbH, Stuttgart

Psychotherapie Betroffener Täterprofile, familiendynamische Konstellationen, verschiedene Missbrauchsformen, das kumulative Auftreten verschiedener Traumata analysiert und in ihrer Komplexität besser verstanden. Wichtige Beiträge zu diesem Verständnis erbrachten zum Beispiel Shengold (1989), Herman (1994) und Hirsch (1994). Dieses Verständnis löste reduktionistische monokausale Täter-Opfer-Schemata ab. Die Analyse frühkindlicher Traumatisierungen ergab die häufig enge Verbindung von Vernachlässigung, Gewalt und sexuellen Übergriffen vor allem bei schweren Krankheitsverläufen. Es fand sich ein Spektrum sexueller Übergriffe unterschiedlicher Schweregrade im Kontext ungelöster Familientraumata, die häufig transgenerationell transferiert werden. Da die Entwicklung des Selbstwertes eng mit der schrittweisen Entwicklung individueller Grenzen verbunden ist, ist eine Überschreitung der Grenzen, angefangen von Empathiestörungen bis hin zu aggressiven oder sexuellen Verletzungen der Grenzen von außerordentlicher Bedeutung für die Behinderung der Entwicklung eines gesunden Selbstgefühls.

Neben dem sehr umfangreichen Erfahrungswissen aus Behandlungen wurden etwa zur gleichen Zeit im Rahmen von präventiven und sekundärpräventiven Maßnahmen, vor allem im Zusammenhang mit dem Aufbau von Missbrauchsambulanzen in den USA, systemische Konzepte zur Behandlung akut traumatisierter Kinder und Jugendlicher entwickelt. Vor allem multisystemische Therapieprogramme inklusive der Einbeziehung involvierter Institutionen[1] erwiesen eine beachtliche Effizienz. Schwieriger ist die Situation, die sich ergibt, wenn Jugendliche oder Erwachsene nach Missbrauchserfahrungen behandelt werden und hier die Einbeziehung der Familie häufig auf große Widerstände, insbesondere bei vernachlässigenden Familien stößt. Auch hier zeigen die systemische Betrachtungsweise und die Einbeziehung der Familie gerade in der stationären Psychotherapie wichtige Fortschritte auch bei der Behandlung von Langzeitfolgen. Wegen der besonderen Bedeutung für die Bindungs- und Beziehungsfähigkeit wie auch intrapsychischen Affektmodulation und -differenzierung soll im Folgenden der innerfamiliäre sexuelle Missbrauch im Vordergrund stehen, immer an der individuellen Situation einer nicht einseitigen, sondern im Gegenteil sehr komplexen Struktur von interagierenden Belastungsfaktoren orientiert.

Familiäre Risikofaktoren

Während in entwicklungspsychopathologischen und epidemiologischen Untersuchungen vor allem die Bedeutung von Einzelfaktoren und die Kumulation dieser Faktoren wie auch die Bedeutung protektiver Faktoren berücksichtigt werden, sind für den Therapeuten vor allem das Ergebnis der Bewältigung dieser frühkindlichen Belastungsfaktoren und die Aktivierung der Ressourcen und Resilienzfaktoren von Bedeutung. In den bekannten Längsschnittstudien wie der Kauai-Studie (Werner u. Smith 1992) finden sich unter den Risikofaktoren für psychische Erkrankungen vorrangig familiäre Belastungen: Armut, Mütter mit niedrigem Bildungsgrad, Trennungen, elterlicher Alkoholismus und psychische Erkrankungen, eine längere Trennung von der primären Bezugsperson im ersten Lebensjahr, die Geburt eines jüngeren Geschwisters in den ersten beiden Lebensjahren, chronische familiäre Disharmonie, väterliche Abwesenheit, Umzüge, Verlust eines älteren Geschwisters. Die Frage, warum ein Drittel der belasteten Risikokinder trotzdem später zu relativ psychisch ausgeglichenen Erwachsenen heranwuchsen, wurde in dem Vorliegen von **Resilienzfaktoren**, die ebenfalls in der Familie bedeutsam sind, gefunden. Hierzu zählen die Entlastung der Mutter, soziale Förderung, ein haltendes Stützsystem, eine feste Beziehung zu mindestens einer Betreuungsperson. Das Familienleben ist durch Struktur, Regeln und klare Aufgaben und Rollendefinitionen bestimmt. Außerhalb der Familie erfolgt emotionale Unterstützung durch enge Freunde und Verwandte. Natürlich ist im Kontext dieser Merkmale zu sagen, dass zum Beispiel Väter in ökonomischen Krisen sehr unterschiedliches Verhalten zeigen, zum Beispiel mehr strafen, willkürlich oder zurückgezogen-depressiv sind, was sehr unterschiedliche Bewältigungstech-

---

[1] Erweiterte Fassung des Buchartikels Joraschky, P. Sexueller Missbrauch und Vernachlässigung in Familien (2000)

niken innerhalb der Familie auslöst. Elterliche Erziehungsprobleme, eheliche Konflikte und andauernde ökonomische Engpässe haben einen großen Einfluss auf die spätere Gesundheit der Kinder. Die Einflussfaktoren für ein positives Selbstkonzept, kompetentes Sozialverhalten, Autonomie, erfolgreiche Bewältigungsstrategien zeigen sich eng verbunden mit Fürsorglichkeit innerhalb der Familie, konsequenten und klaren Regeln, Normen, offener Kommunikation (Übersicht bei Egle u. Hoffmann 2000). Natürlich müssen die familiären Risikofaktoren immer vor dem Hintergrund weiterer Determinanten wie biologische Risikofaktoren, Temperamentsfaktoren, Intelligenzfaktoren, prä- und perinatale Komplikationen gesehen werden.

Die Mannheimer epidemiologische Untersuchung (Schepank 1987) belegt im Hinblick auf frühkindliche Belastungen, dass neben psychopathologischen Aspekten bei Mutter beziehungsweise Vater deutliche Störungen ihrer Beziehungen zueinander und Belastungen durch die Geschwister wichtige Einflussfaktoren waren. 90% der frühkindlich und aktuell unbelasteten Probanden waren seelisch gesund. 70 bis 80% der Personen, die frühkindliche Traumatisierung und aktuelle kritische Lebensereignisse erlebt hatten, wiesen psychogene Erkrankungen auf. Im Rahmen dieser Untersuchung wie auch beim Risikoindex von Dührssen et al. (1980) bleibt der sexuelle Missbrauch noch unberücksichtigt. Erst in Risikountersuchungen der letzten zehn Jahre werden sexuelle Übergriffe und Missbrauch als Risikofaktoren neben emotionaler und körperlicher Misshandlung hervorgehoben (Felitti et al. 1998; Kessler et al. 1997).

Definition und Häufigkeit sexuellen Missbrauchs in Familien und dessen Langzeitfolgen

Obwohl eine ganze Reihe von epidemiologischen Studien vorliegt, sind die Aussagen über die Vorkommenshäufigkeiten des sexuellen Missbrauchs in Deutschland nach wie vor schwierig, was unter anderem mit der Missbrauchsdefinition zusammenhängt. Unter dem Aspekt der klinisch-therapeutischen Relevanz soll hier vor allem auf den **engen Missbrauchsbegriff** (Berühren, Betasten der Genitalien, orale, anale oder vaginale Vergewaltigung) Bezug genommen werden. Diese Definition des sexuellen Missbrauchs orientiert sich unter anderem an dem Kompetenzgefälle in der Täter-Opfer-Beziehung, das sich aus dem Altersunterschied ergibt: „Unter sexuellem Missbrauch versteht man die Beteiligung noch nicht ausgereifter Kinder und Jugendlicher an sexuellen Aktivitäten, denen sie nicht verantwortlich zustimmen können, weil sie deren Tragweite noch nicht erfassen. Dabei benutzen bekannte oder verwandte (zumeist männliche) Erwachsene Kinder zur eigenen sexuellen Stimulation und missbrauchen das vorhandene Macht- oder Kompetenzgefälle zum Schaden des Kindes" (Engfer 2000, S. 30). Die üblichen Vorstellungen über sexuellen Missbrauch gehen von der brisanten Situation des Inzests aus. Die Tätergruppen, die von Bange und Deegener (1996) gefunden wurden, zeigen folgende Rangreihe: Zur Hälfte Bekannte, zu einem Viertel Verwandte, Angehörige (Onkel, Väter, Brüder, Cousins) und zu einem Viertel Fremdtäter. Bei den Tätern von männlichen Opfern ist der Anteil der Angehörigen niedriger, der Anteil der Fremdtäter circa ein Drittel höher. Etwa 50% der intrafamiliären Übergriffe sind einmalige Ereignisse. Das heißt, etwa die Hälfte der missbrauchten Frauen sind wiederholt und schwerwiegend missbraucht worden.

Die Prävalenzzahlen sexuellen Missbrauchs an **Mädchen** liegen in epidemiologischen Untersuchungen bei 6 bis 18% (engerer Missbrauchsbegriff). Der Missbrauch durch leibliche Väter liegt bei 2 bis 3 Prozent. Wesentlich höher ist das Risiko, von einem Stief- oder Pflegevater missbraucht zu werden. Der häufigste Täterübergriff naher Angehöriger geschieht in Gestalt emotionaler Ausbeutung. Die Androhung beziehungsweise Ausübung von körperlicher oder psychischer Gewalt kommt bei Missbrauch durch Bekannte und Freunde dreimal so häufig vor wie bei nahen Angehörigen. Aber gerade diese Mischung aus Zuwendung und sexuellem Übergriff kann die Verarbeitung des sexuellen Missbrauchs durch nahe Angehörige besonders erschweren. Wichtige vermittelnde **Variablen** für eine **besondere Symp-**

tombelastung der Kinder sind nach Engfer (2000) folgende:
- das Alter der Kinder zum Zeitpunkt des Missbrauchs
- die Dauer, Intensität und Bedrohlichkeit des Missbrauchs (z.B. erzwungener Geschlechtsverkehr)
- eine enge Beziehung zwischen Täter und Opfer
- wenig familiäre Unterstützung bei der Enthüllung des sexuellen Missbrauchs
- langwierige Gerichtsverfahren mit mehrfachen, belastenden Kreuzverhören
- die Reviktimisierung der Kinder durch andere Täter, die in circa sechs bis 30% der Fälle beobachtet wird

Da Kinder in gestörten Familien besonders gefährdet sind, missbraucht zu werden, ist es oft schwierig, den Einfluss dieser Familienbedingungen von den Auswirkungen des sexuellen Missbrauchs zu unterscheiden. Personen, die in der Kindheit oder Jugend sexuellen Missbrauch erlebten, weisen fast durchgehend mehr psychische Störungen auf als nicht missbrauchte, wobei der sexuelle Missbrauch zu etwa 15 bis 45% zum Grad der Störung beiträgt (Kendall-Tackett et al. 1993).

Im Unterschied zu gestörten Familienverhältnissen, in denen ein erhöhtes Maß an ausagierter Aggression die Regel ist, sind bei Kindern, die sexuell missbraucht wurden, die **Folgen** ein besonders niedriges Selbstwertgefühl und ein hohes Ausmaß an autoaggressiven Tendenzen. In der Selbstwertentwicklung finden sich gehäuft eine gestörte Selbstwahrnehmung, Selbstbezichtigungen, Gefühle der Beschmutzung, Stigmatisierung, das Gefühl, sich von anderen grundsätzlich zu unterscheiden. Soziale Isolation, gestörte Intimbeziehungen, wiederholte Suche nach einem Retter und anhaltendes Misstrauen sind charakteristisch. Die Wahrscheinlichkeit, in der Folge eines sexuellen Missbrauchs psychische Störungen zu entwickeln, ist signifikant erhöht. Die Ausbildung einer autoaggressiven Tendenz zeigt sich vor allem in dem erhöhten Vorkommen von Medikamentenabusus, Drogen- und Alkoholmissbrauch, promiskuösem Sexualverhalten und Suizidversuchen. Nach Mullen et al. (1993) findet sich sexuelle Missbrauchserfahrung **bei folgenden Krankheiten** (in abnehmender Häufigkeit): Borderline-Persönlichkeitsstörungen, Alkoholabusus, Suizidhandlungen, depressive Störungen, Angsterkrankungen, Essstörungen, Medikamentenabusus. Gleichzeitig wurde jedoch auch gefunden, dass gestörte familiäre Verhältnisse, ein wenig fürsorglicher und stark kontrollierender Erziehungsstil oder körperliche Misshandlungen als gleichermaßen pathogene Variablen auf Krankheitsentstehung und -verlauf Einfluss nehmen (Kinzl 1997). Bei 16% der zu einem Psychotherapeuten überwiesenen Personen wurde ein kindlicher sexueller Missbrauch zweifelsfrei festgestellt (Sheldon 1988) und entsprechend wurde bei der Behandlung auf diese Kindheitsbelastung ein besonderes Augenmerk gelegt.

Sexueller Missbrauch im Kontext anderer familiärer Risikofaktoren

Bei schwerem sexuellem Missbrauch findet sich eine erhöhte Vulnerabilität für psychische Störungen, unabhängig von anderen negativen Umweltvariablen. Ansonsten können in den meisten Fällen die negativen Folgen des sexuellen Missbrauchs nur dann verstanden und richtig zugeordnet werden, wenn diese im Kontext zu anderen aversiven familiären und zwischenmenschlichen Erfahrungen gesehen werden. In diesem Sinne ist der sexuelle Missbrauch ähnlich wie andere psychosoziale Belastungen ein unspezifischer Stressor für das Risiko der Entwicklung einer psychischen Anpassungsstörung.

Die Studien von Richter-Appelt und Tiefensee (1996a; 1996b) beschreiben die Bedeutung der Einbettung des sexuellen Missbrauchs in andere soziale und familiäre Belastungsfaktoren sowie die Abhängigkeit der Langzeitfolgen sowohl von der Qualität der Partnerbeziehung der Eltern als auch der **Eltern-Kind-Beziehung**. Egle et al. (2000) zeigen, dass sexueller Missbrauch nicht zu den häufigsten Belastungsfaktoren in der Kindheit und Jugend von neurotischen und psychosomatischen Patienten gehören, vielmehr in einer Rangreihe der Häufigkeit erst an dreizehnter Stelle vorkommen. So fanden sich etwa als Risikofaktor die fehlende tragfähige Beziehung zu den Eltern bei nahezu 50% der Patienten, während sexueller Missbrauch von acht Prozent der Patienten angegeben wurde. Kinzl et al. (1997) zeigen, dass etwa zehn Prozent psychisch stabiler Personen, die das Familienklima in der Kindheit als gut einschätzen, einen einmaligen sexuellen Übergriff in der Kindheit oder Jugend erlebt haben. Protektiv war für sie, dass sie in der Lage waren, darüber ihren Eltern zu erzählen, weil sie diese als vertrauensvoll und unterstützend erlebten. Hingegen schilderten Personen, die wiederholten sexuellen Missbrauch erlebten, das Familienklima als labil, wenig vertrauensvoll und nicht Halt gebend. Aus dem daraus resultierenden geringen Selbstwertgefühl waren sie nicht in der Lage, aktive Copingstrategien zur Abgrenzung zu entwickeln; auch entwickelten sie nicht das Gefühl, sich einer elterlichen Bindungsfigur anvertrauen zu können und deren Unterstützung zu bekommen.

Vor diesem Hintergrund kann festgestellt werden, dass in wissenschaftlichen Untersuchungen wie auch aus der Perspektive von Klinikern eine Neigung besteht, den sexuellen Missbrauch in seiner Bedeutung überzubewerten. Gerade bei sexuellem Missbrauch ist die Tendenz zu einer reduktionistischen monokausalen Betrachtungsweise auffällig. Die Kombination verschiedener Belastungsfaktoren kann etwa so gesehen werden, dass Vernachlässigen fünfmal so häufig und Misshandlungen doppelt so häufig sind wie Fälle von sexuellem Missbrauch. Bei Fällen von Vernachlässigung sind häufig institutionelle Hilfen notwendig, etwa bei psychischen Erkrankungen, Behinderungen, Drogenproblemen der Eltern, vor allem aber Armut und sozialer Ausgrenzung. Zur Vernachlässigung gehören jedoch auch die „emotional nicht verfügbaren" Mütter, die auf die Signale ihrer Kinder nicht genügend eingehen und sie passiv ablehnen (Engfer 2000). Bei dieser Form von Vernachlässigung versagen institutionelle Hilfen in aller Regel.

Empirische Untersuchungen von Draijer (1990) zeigen, dass sexueller Missbrauch durch Familienangehörige niemals isoliert auftrat. Er war immer kombiniert mit körperlicher Misshandlung und Vernachlässigung, Vernachlässigung meist als Kombination von Lieblosigkeit und strikter Kontrolle. Die Eltern waren in der Regel häufiger krank, emotional labil, depressiv und alkohol- oder tranquilizerabhängig. Der Grad der psychischen Beeinträchtigung der Eltern stellte sich als ein wichtiger Prädiktor zur Vorhersage der späteren Störungen der Kinder heraus. Aber auch der sexuelle Missbrauch trug unabhängig von diesen Bedingungen zur Vorhersage der späteren Probleme bei. Sexueller Missbrauch durch den Vater war ein gleich starker Prädiktor wie die kranke, depressive oder alkoholabhängige Mutter. Unabhängig vom Vorliegen anderer Belastungsfaktoren trägt körperliche Misshandlung zur Vorhersage psychosomatischer Probleme bei. Weiterhin kann sowohl die fehlende emotionale Verfügbarkeit der Mutter, als auch die des Vaters, vor allem das Fehlen liebevoller Fürsorge, das Kind auf Dauer beeinträchtigen.

Auslösende Ereignisse, Coping-Mechanismen und die soziale Isolation

Wie dem Vulnerabilitätsmodell sexuellen Missbrauchs (s. Abb. 1) zu entnehmen ist, wird die Missbrauchshandlung durch eine Reihe von Faktoren beeinflusst. Zu den auslösenden Faktoren gehört auch der Alkohol- oder Drogenmissbrauch. Er geht in der Mehrzahl der Fälle einer Inzesthandlung voraus (Cole u. Putnam 1992). Der Rausch verursacht nicht den Übergriff. Vielmehr wirkt er auf den Vater, der bereits inzestuöse Impulse empfindet (Finkelhor 1984) und in einer gefährdeten Familie lebt, enthemmend. Alkohol und Drogen leisten auch dem Mechanismus des Leugnens der Tat Vorschub. Ein anderes häufig erwähntes auslösendes Ereignis ist der Gelegenheitsfaktor. Er kommt bei gefährdeten Familien vor, wenn Vater und Tochter über einen längeren Zeitraum allein gelassen sind, zum Beispiel wenn die Mutter Nachtschichten macht oder sich einer Krankenhausbehandlung unterzieht. Akuter Stress kann die labile Familienhomöostase schwächen: zum Beispiel Verlust des Arbeitsplatzes, eine neu aufgetretene körperliche Behinderung oder eine Veränderung in der Zusammensetzung der Familie, zum Beispiel durch ein neugeborenes Kind.

Die Bewältigungsmechanismen der Familie hängen auch davon ab, wie sie soziale Unterstützung

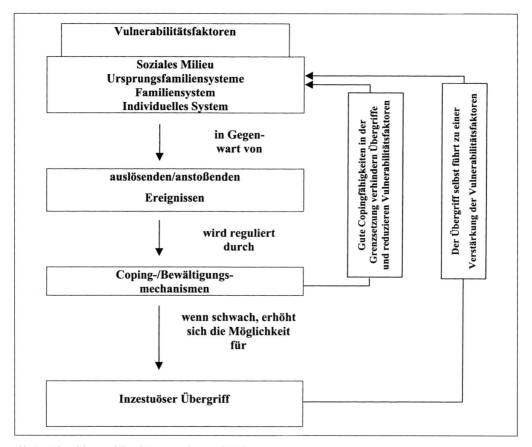

Abb. 1 Vulnerabilitätsmodell nach Trepper und Barrett (1992)

durch Freunde, durch die erweiterte Familie oder auch durch Arbeitskollegen erreichen kann. Wenn die Tochter zum Beispiel eine enge Bindung an ihre Großmutter hat, der sie sich anvertrauen kann, so ist dies ein protektiver Faktor gegen die intrafamiliären Grenzüberschreitungen. Bedeutsam sind Ressourcen im Rahmen der Konfliktbewältigungsfähigkeit, des emotionalen Austausches und der Problemlösungsfähigkeiten in Familien. Im Fall der sozialen Isolation unterliegt die Familie nicht der Kontrolle durch äußere Systeme, die normalerweise für ein gewisses Maß an Überprüfung abweichender Verhaltensweisen sorgen. Einige Autoren (z.B. Sgroi 1982; Mrazek u. Kempe 1981) haben die soziale Isolation der Familie als ein Hauptkorrelat für inzestuöse Übergriffe bezeichnet. Häufig wird beschrieben, dass Familien mit intrafamiliären Grenzüberschreitungen nach außen eine soziale Isolation zeigen. Die Familienforschung hat in den letzten 50 Jahren eine Vielzahl von Modellen beigetragen, die die starren Außengrenzen als Ausdruck von gestörten innerfamiliären Grenzen und als Folge von Familiengeheimnissen, Mythen, widersprüchlichen Normen und gestörten Bindungsmustern beschrieben hat. Eifersüchtig werden Außenkontakte der Kinder beobachtet und meistens unterbunden.

Systemische Diagnostik der inzestvulnerablen Familie

Die Familienstruktur und die Familiendynamik werden als wesentlicher Hintergrund sowohl für das Verständnis des Auftretens als auch für die Langzeitfolgen von sexuellem Missbrauch angesehen. Die Familie als Ort prägender Beziehungserfahrungen versagt in zentralen Bereichen. Das Kind wird als Schutz- und Sexualpartner missbraucht, die Ich-Grenzen des Kindes werden verletzt und seine gesunde Entwicklung gestört. Folgende Faktoren kennzeichnen die dysfunktionale Familienstruktur und begünstigen sexuellen Kindesmissbrauch: Zurückweisung, Rollenumkehr, Parentifizierung, ungelöste Traumata, unsicheres Bindungsverhalten bei mindestens einem der beiden Elternteile.

Unter systemischer Perspektive beschreiben Mrazek und Bentovim (1981) im Sinne systemischer Familiendiagnostik die Familien nach „Oberflächenaktionen" und „Tiefenstruktur". Sie beschreiben, dass in den Oberflächenaktionen eine angemessene Befriedigung der Bedürfnisse nach seelischem und leiblichem Wohl nicht zugelassen wird. Körperlicher Kontakt wird ersatzweise sexualisiert, wobei die Sexualisierung die Dysfunktionalität noch vermehrt. Insgesamt herrschen enge Beziehungen vor, wobei Intimität unter den Erwachsenen nicht eingegangen werden kann, andererseits wird jede Trennung oder Desintegration mit Verlassenwerden assoziiert. Problematische Kommunikationsmuster wie gleichzeitige Qualifikationen und Disqualifikationen, bestimmen die verbalen Interaktionen in der Familie. Tabelle 1 fasst die interaktionellen Muster zusammen, die immer wieder als typisch für inzestvulnerable Familien beschrieben worden sind. Das Familiengeheimnis als organisierendes Prinzip in den familiären Beziehungen von sexuell Missbrauchten betont Herman (1994). Die Art der Geheimhaltung hat einen starken Einfluss darauf, wie weit der sexuelle Missbrauch traumatischen Charakter annimmt. Sexuell Missbrauchte bewahren ihr Geheimnis häufig dauerhaft, viele hemmt die Geheimnisbewahrung in der Persönlichkeitsentwicklung. Wird das missbrauchte Kind unter Druck gesetzt, wird ihm nicht geglaubt oder die Mitschuld gegeben, so haben diese stigmatisierenden Prozesse anhaltende Auswirkungen auf das Selbstwertgefühl. Beim Kind werden Gefühle von Schuld, Scham, Ekel und Angst erzeugt.

Empirische Untersuchungen zur Dysfunktionalität inzestoider Familien

Die schlechte Beziehung zwischen den Eltern in Familien, in denen ein Kind inzestuös missbraucht wurde, haben Finkelhor und Hotaling (1984) in einer groß angelegten Inzidenzstudie über Risikofaktoren für den sexuellen Missbrauch gefunden. Als zweiter wichtiger Faktor fand sich die schlechte Beziehung des Mädchens zu einem der beiden Elternteile. Diese beiden Faktoren sind als Hauptprädiktoren empirisch bestätigt, stellen jedoch im Prinzip eine klassische Situation für Maladaption dar und finden sich in gleicher Weise bei neuro-

Tab. 1   Interaktionelle Muster in inzestvulnerablen Familien

- Die Grenzen zwischen den einzelnen Individuen einer Familie erscheinen undefiniert und verwaschen.
- Die Koalition der Eltern ist schwach.
- Während die intergenerationellen Grenzen durchlässig sind, sind die Grenzen zur Außenwelt rigide.
- Die Möglichkeiten der individuellen Annäherung und Distanzierung sind beschränkt. Es findet sich eine höhere Intrusivität innerhalb der Familie.
- Rollen- und Aufgabenverteilung sind unscharf.
- Die elterliche Fürsorge wird minimiert oder sexualisiert.
- Es findet sich eine verminderte Offenheit innerhalb der Familie und gegenüber der Außenwelt.
- Die Akzeptanz der Gefühle, Handlungen und Gedanken anderer Familienmitglieder ist gering.
- Typisch ist die Konfliktvermeidung in den Familien. Es findet sich eine geringere Fähigkeit zur konstruktiven Problemlösung.
- Kommunikationsprobleme: Widersprüchliche oder unklare Botschaften, Tabuisierungen, Geheimnisse sind in diesen Familien kohäsionsfördernd.
- Affektiver Austausch in der Familie: Die Ausdrucksfähigkeit der Gefühle ist herabgesetzt.
- Eine interpersonelle Empathie ist deutlich reduziert.

tischen Entwicklungen oder psychosomatischen Erkrankungen. Die Untersuchungen von Hehl und Werkle (1993) konnten die Hypothese, dass Missbrauchsfamilien untereinander eine starke Verstrickung aufweisen, nicht bestätigen. Im Gegenteil: Sie zeigen im Vergleich zu Kontrollfamilien eine eindeutige Tendenz zur Spaltung in der Partnerschaft wie auch zur deutlichen Distanzierung eines Elternteils zur missbrauchten Tochter. Die geringe Zuwendung der Mutter zur missbrauchten Tochter kann ebenfalls als Spaltung zwischen Mutter auf der einen Seite und Vater und Tochter auf der anderen Seite interpretiert werden

Zusammenfassend lässt sich sagen, dass sich sehr häufig pathologische Faktoren in der Familiendynamik der Herkunftsfamilien finden lassen, die sich auch in Fragebogenuntersuchungen bestätigen (Carson et al. 1990), dass jedoch diese Dysfunktionalitäten unspezifisch sind, das heißt auch in Familien zu finden sind, in denen andere Probleme als Inzesthandlungen zu finden sind. Die in Tabelle 1 aufgeführten Familienparameter sind sozusagen die Familienoberfläche, die von einer Tiefenstruktur abhängen. Letztere wiederum wird geprägt von meist unbewussten Bindungs- und Loyalitätsmustern, von Traumata, die mehrgenerationell tradiert werden.

Generationsgrenzenstörungen bei inzestvulnerablen Familien

Die Durchlässigkeit der Generationsgrenzen ist nicht gleichbedeutend mit Inzestvulnerabilität, sondern sie ergibt sich aus klassischen triadischen, verführerischen und verstrickten Situationen, die von Braun-Scharm und Frank (1989) als Kennzeichen einer "inzestoiden Familie" beschrieben wurden. Hirsch (1993) spricht vom „latenten Inzest". Inzestoide Strukturen entstehen immer dann, wenn sich anstelle einer reifen Partnerschaft der Eltern eine sogenannte „vertikale Ehe" (Bauriedl 1992) ausbildet. Dabei wird die Eltern-Kind-Beziehung der Partnerschaft vorgezogen und das Kind zum idealisierten, gleichzeitig aber nie erreichbaren Liebesobjekt stilisiert, das selbst zwischen Grandiosität (als vermeintlich besserer Partner) und Depression (aus Angst vor Verlust dieses Status)

schwankt und aufgrund dessen sich eine diffuse Ich-Struktur entwickeln kann. Noch instabiler und zugleich verlockender wird die Position eines Kindes, wenn beide Elternteile abwechselnd um das Kind konkurrieren. Die **Sexualisierung** von Beziehungen bedeutet auch die Möglichkeit, Bindungen abzusichern, Gefühle zu kontrollieren und die Anwesenheit des anderen zu erhalten. Sie dient also nicht allein der sexuellen Bedürfnisbefriedigung, sondern vermutlich noch mehr der Bindungssicherung und der Nähe-Distanz-Regulation. Während in flexiblen Familienstrukturen die Entwicklung einer abgegrenzten Identität möglich wird, bleibt bei der inzestoiden Familie die Ablösung erschwert, da dem Kind das Austragen aggressiv-rivalisierender Anteile nicht erlaubt ist. Hier treten Entweder-oder-Muster ein: Entweder das Kind unterwirft sich, oder es wird ausgegrenzt und fallengelassen. Dieser Hintergrund ist ein bestimmender Faktor für inzestvulnerable Familien, der jedoch nicht ausreicht, um den qualitativen Sprung von Grenzendurchlässigkeit bis hin zu grenzüberschreitendem Verhalten zu erklären. Dazu kommt es erst durch die Einwirkung weiterer pathogener Faktoren.

Wie die Geschlechtsgrenzenstörungen schon in der Mutter-Kind-Dyade ihre Wurzel haben können, zeigen **Direktbeobachtungen** von Kindern im Alter von drei bis 20 Monaten in Interaktion mit ihren Eltern: Haynes-Seman und Krugman (1989) dokumentieren eindrucksvoll selektiv unterschiedliche Stimulationen erogener Zonen bei den Kleinkindern. In mikroanalytischen Interaktionsstudien beschreiben sie zum Beispiel eine in der Kindheit sexuell missbrauchte Mutter, die sich im Hautkontakt zu ihren Zwillingen sehr unterschiedlich verhielt: Während sie zu dem einen Zwilling überwiegend Augen- und normalen Hautkontakt aufnahm, ignorierte sie den anderen und stimulierte ihn im Wechsel besonders am Po und den Genitalien. Die Autoren ziehen das Fazit: "Solche Erfahrungen früher sexueller Stimulationen während der Pflege ohne das Gefühl, von empathischen Eltern versorgt und geliebt zu werden, können das Kind in seinem sozialen Agieren beeinflussen und die Vulnerabilität gegenüber späterem Missbrauch durch andere erhöhen" (Haynes-Seman u. Krugman 1989, S. 245).

Multisystemische Behandlungsprogramme

Trepper und Barrett (1992) haben den Behandlungsansatz von Giaretto (1976) weiterentwickelt. Ergebnis ihrer bisherigen Behandlungsprogramme ist, dass Inzest als behandelbar aufgefasst wird. Das heißt, inzestuöse Übergriffe auf Kinder konnten in 90% infolge einer Therapie gestoppt werden, und zwar in vielen Fällen, ohne die Familie auseinanderreißen zu müssen. Trepper und Barrett (1992) stellen mit ihrem Modell multipler Systeme ein Programm vor, welches die Einseitigkeit der Opfer-Täter-Dichotomie und die „Fiktion der Gleichheit aller Elemente" eines rein systemischen Ansatzes überwindet. Das Problem Inzest wird im Familienkontext verstanden, unter Berücksichtigung biografischer Merkmale und Einbeziehung des Umfeldes der Familie. Dabei werden die weibliche und männliche Sozialisation, die Machtverhältnisse, die Auslöser für die Übergriffe und die Vulnerabilität sowie das Coping-Repertoire im Familien- und Makrosystem beurteilt.

Die meisten Inzest-Behandlungsprogramme (Giarretto 1976; Justice u. Justice 1979; Kempe und Kempe 1984) werden von Institutionen durchgeführt (pädagogische Einrichtung, kirchliches Familienberatungszentrum, Jugendamt). Sorgfältige Planung und Kooperation sind besonders gefordert, weil bei offenbartem Missbrauch in der Regel eine Vielzahl von Institutionen mit einbezogen ist. Um hier Konfusionen, Konflikte und Spaltungen zu vermeiden, ist es notwendig, eine sehr sorgfältige interinstitutionelle Kooperation unter systemischer und psychodynamischer Supervision einzugehen, weil diese Interaktionen häufig unbewusste Familienbeziehungen widerspiegeln. Dabei besteht bei der Aufdeckung und Einbeziehung der Institutionen die Gefahr einer zweiphasigen Traumatisierung durch die Art der Aufdeckung der Tat sowie des Umgangs damit. Bei der Bewältigung dieser schwierigen Aufgabe hat sich der Team-Ansatz bewährt, da sich erfahrungsgemäß der Einzelne angesichts der enormen affektiven Ansprüche leicht verausgabt. Die Arbeit erfordert erfahrene Familientherapeuten mit der Möglichkeit zur Einzel- und Teamsupervision. Experten sollten für schwierige klinische, juristische und ethische Fragen zur Verfügung stehen.

Die Behandlung von Missbrauchsopfern stellt in keiner Weise ein uniformes Programm dar. Behandlungsprogramme, die eine gewisse Struktur und Sicherheit geben, müssen jedoch auch die Möglichkeit bieten, die Heterogenität der Umstände und die Vielfalt der Einflussfaktoren zu berücksichtigen. Multisystemische Ansätze gehen von einem therapeutischen Phasenmodell aus, mit einer Vorphase (in der dem Kontakt mit den beteiligten Institutionen besonderes Gewicht beigemessen wird) über die diagnostischen Sitzungen bis hin zu Versöhnungssitzungen. Ziel ist eine Stabilisierung der Familie, die dem Opfer zu Gute kommt. Es wird ein Arbeitsbündnis angestrebt, das harte Konfrontationen und Versöhnlichkeit zulässt. Für die Erreichung dieser Ziele gibt es kein einheitliches Schema therapeutischer Intervention. Im Gegenteil: Die Vielfalt vernetzter Faktoren, gerade sozialer Faktoren, ist immer wieder neu unter systemischen Aspekten zu reflektieren und bei der Planung von Interventionen zu berücksichtigen.

Die Einbeziehung der Familienperspektive in die Einzeltherapie

In der Einzeltherapie stellt sich unter anderem die Frage, wie die Beschädigung des Selbstgefühls verstanden und verbessert werden kann. Hierbei besteht beim Patienten häufig Verwirrung über die Beziehungsstrukturen und die Interaktionsmuster in der Familie. Oft imponieren Widerstände und Schwierigkeiten, sich über die Beziehung der Eltern zueinander, deren Bedürfnisregulation und Abgrenzungsfähigkeit ein klares Bild zu machen. Hier sind die emotionalen Verstrickungen und die Unmöglichkeit, klare Konzepte entwickeln zu können, der Ausgangspunkt für die Rekonstruktion einer kohäsiven Familiengeschichte. Im stationären Bereich ist hierfür häufig möglich, die Herkunftsfamilie mit einzubeziehen, bei traumatisierten Patienten findet sich jedoch oft auch ein Widerstand, so dass diese Geschichte individuell durch Intensivierung der Familienauseinandersetzung erarbeitet werden kann. Hierbei ist ein Verständnis der Teilebenen, wie sie zuvor zu den einzelnen

Systemebenen dargestellt wurden, wichtig. Es sind Folgende:
- Auf der individuellen Ebene geht es um das Verstehen der Herkunftssituation des Täters, dessen mögliche eigene Traumatisierung und daraus abgeleiteten Verleugnungsseiten, die Selbstgefühlsregulation und dessen Stabilisierung durch die Inanspruchnahme des Kindes als Selbstobjekt, die Art der psychopathologischen Störung, das Umgehen mit den eigenen Grenzen und deren Durchlässigkeit unter Beachtung der sozialen Isolation. Weiter ist es wichtig, bei bagatellisierenden Eltern deren unbewusste Selbstverachtung und Ausstoßungsmechanismen, Ängste und Ohnmachtserfahrungen zu kennen.
- Auf der dyadischen Ebene sind die Einschätzung der Funktionalität der Partnerschaft der Eltern wichtig, die Klärung eines gespannten Zusammenhalts, die Abwehr von Trennungsimpulsen und das Ausmaß einer schismatischen Partnerschaft. Dazu gehören die Berücksichtigung der Parentifizierung und Triangulierung, die Art der Koalition und der dyadischen Fusionierungen, wie sie durch verdeckte Koalitionen zwischen Elternteil und Kind bestehen können.
- Die systemische Betrachtung bezieht die Diagnostik der Grenzen ein, die Qualität der Interaktion, den Austausch von Empathie, die Geschlechtsrollensozialisation und Normenvorstellung, Abhängigkeitsverhältnisse, Erziehungsstile, Familiengeheimnisse.

Für die individuelle Therapie eines kohäsiven Selbstkonzeptes und Reflexion der Grenzendurchlässigkeit ergibt sich, dass vor allem das Verständnis der Traumatisierung der Eltern und deren Gewalt- und Vernachlässigungserfahrung unter mehrgenerationeller Perspektive eine Befreiung von unbewussten Delegationen ermöglicht, die subjektiv häufig wie ein lähmender „Schatten", als Ohnmachtsgefühl, erlebt werden. Diese Rekonstruktion macht verständlich, wie das Selbstwertgefühl verletzlich und negativ bleibt, unfähig, neue positive Erfahrungen aufzunehmen, solange nicht eine Klärung der verdeckten, oft unterdrückten Affekte und Beziehungsepisoden erfolgt ist. Schließlich ist wie in der Familientherapie auch hier über die Klärung und den Schutz der positiven Beziehungserfahrungen eine Begrenzung der Selbstdestruktion, eine Veränderung des Zwanges, erneut in Täter-Opfer-Schemata zu gelangen, über die verbesserte Selbstreflexion anzustreben.

Literatur

Bange D, Deegener G (1996). Sexueller Missbrauch an Kindern. Weinheim: Psychologie Verlags Union.

Bauriedl T (1992). Wege aus der Gewalt. Freiburg: Herder.

Braun-Scharm H, Frank R (1989). Die inzestoide Familie. Acta Paediopsychiatr 52: 134-42.

Carson DK, Gertz LM, Donaldson MA, Wonderlich SA (1990). Intrafamilial sexual abuse: Family-of-origin and family-of procreation characteristics. J Psychol 125: 579-97.

Cole PM, Putnam FW (1992). Effect of incest on self and social functioning. A developmental psychopathology perspective. Special section: Adult survivors of childhood sexual abuse. J Consult Clin Psychol 60: 174-84.

Draijer N (1990). Die Rolle von sexuellem Missbrauch und körperlicher Misshandlung in der Ätiologie psychischer Störungen bei Frauen. System Familie 3: 59-73.

Dührssen A, Bodenstein D, Holitzner WV, Horstkotte G, Kettler AR, Lieberz K, Rudolf G, Sandweg R, Stille D, Wagerer M (1980). Das Berliner Dokumentationssystem für Psychotherapie. Z Psychosom Med 26: 119-57.

Egle UT, Hoffmann SO, Joraschky P (Hrsg) (2000). Sexueller Missbrauch, Misshandlung, Vernachlässigung. 2. Aufl. Stuttgart, New York: Schattauer.

Egle UT, Hoffmann SO (2000). Pathogene und protektive Entwicklungsfaktoren in Kindheit und Jugend. In: Sexueller Missbrauch, Misshandlung, Vernachlässigung. Egle UT, Hoffmann SO, Joraschky P (Hrsg). 2. Aufl. Stuttgart, New York: Schattauer; 3-22.

Engfer A (2000). Gewalt gegen Kinder in der Familie. In: Sexueller Missbrauch, Misshandlung, Vernachlässigung. Egle UT, Hoffmann SO, Joraschky P (Hrsg). 2. Aufl. Stuttgart, New York: Schattauer; 23-39.

Felitti VJ, Anda RF, Nordenberg D, Williamson DF, Spitz AM, Edwards V, Koss MP, Mark S (1998). Relationship of childhood abuse and household dysfunction to many of the leading causes of death in adults. The Adverse Childhood Experiences (ACE) Study. Am J Prev Med 14: 245-58.

Finkelhor D (1984). Child Sexual Abuse. New Theory and Research. New York: Free Press.

Finkelhor D, Hotaling GT (1984). Sexual abuse in the national incidence study of child abuse and neglect: An appraisal. Child Abuse Negl 8: 23-33.

Giarretto H. Humanistic treatment of father-daughter-incest (1976). In: Child Abuse and Neglect: The Family and the Community. Helfer R, Kempe CH (eds). Cambridge MA: Ballinger.

Haaf B, Pohl U, Deusinger IM, Bohus M (2001). Untersuchungen zum Körperkonzept bei Patientinnen mit Borderline-Persönlichkeitsstörungen. Psychother Psychosom Med Psychol 51: 246-52.

Haynes-Seman C, Krugman RD (1989). Sexualized attention: or precursor to sexual abuse? Am J Orthopsychiatry 59: 238-45.

Hehl FJ, Werkle R (1993). Eine retrospektive Untersuchung von familiären Beziehungsstrukturen bei sexuellem Missbrauch. Z Familienforsch 5: 215-48.

Herman JL (1994). Die Narben der Gewalt. Traumatische Erfahrungen verstehen und überwinden. München: Kindler. (Orig.: Herman JL [1992]. Trauma and Recovery. New York: Basic.)

Hirsch M (1993). Latenter Inzest. Psychosozial 54: 25-40.

Hirsch M (1994). Realer Inzest. Psychodynamik sexuellen Missbrauchs in der Familie. 3. Aufl. Berlin, Heidelberg, New York, London: Springer.

Joraschky P (2000). Sexueller Missbrauch und Vernachlässigung in Familien. In: Sexueller Missbrauch, Misshandlung, Vernachlässigung. Egle UT, Hoffmann SO, Joraschky P (Hrsg) 2. Aufl. Stuttgart, New York: Schattauer; 84-98.

Justice B, Justice R (1979). The Broken Taboo: Sex in the Family. New York: Human Sciences Press.

Kempe RS, Kempe CH (1984). The Common Secret: Sexual Abuse of Children and Adolescents. New York: Freeman.

Kendall-Tackett KA, Williams LM, Finkelhor D (1993). Impact of sexual abuse on children: A review and synthesis of recent empirical studies. Psychol Bull 113: 164-80.

Kessler RC, Davis CG, Kendler KS (1997). Childhood adversity and adult psychiatric disorder in the US National Comorbidity Survey. Psychol Med 27: 1101-19.

Kinzl H (1997). Die Bedeutung der Familienstruktur für die Langzeitfolgen von sexuellem Missbrauch. In: Sexueller Missbrauch: Überblick, Forschung, Beratung und Therapie. Amann G, Wipplinger R (Hrsg). Tübingen: DGVT Verlag; 140-50.

Mrazek PB, Bentovim A (1981). Incest and the dysfunctional family system. In: Sexually Abused Children and their Families. Mrazek PB, Kempe CH (eds). Oxford, NewYork: Pergamon; 167-77.

Mrazek PB, Kempe CH (1981). Sexually Abused Children and their Families. Oxford, New York: Pergamon.

Mullen PE, Martin, JL, Anderson JC, Romans, SE, Herbison GP (1993). Childhood sexual abuse and mental health in adult life. Br J. Psychiatry 163: 721-32.

Richter-Appelt H, Tiefensee J (1996a). Soziale und familiäre Gegebenheiten bei körperlichen Misshandlungen und sexuellen Missbrauchserfahrungen in der Kindheit aus der Sicht junger Erwachsener. Psychother Psychosom Med Psychol 46: 367-78.

Richter-Appelt H, Tiefensee J (1996b). Die Partnerbeziehung der Eltern und die Eltern-Kind-Beziehung bei körperlichen Misshandlungen und sexuellen Missbrauchserfahrungen in der Kindheit aus der Sicht junger Erwachsener. Psychother Psychosom Med Psychol 46: 405-18.

Schepank H (1987). Psychogene Erkrankungen in der Stadtbevölkerung. Eine epidemiologisch-tiefenpsychologische Untersuchung in Mannheim. Berlin: Springer.

Sheldon H (1988). Child sexual abuse in adult female psychotherapy patients. Br J Psychiatry 152: 107-11.

Shengold L (1989). Soul Murder. The Effects of Childhood Abuse and Deprivation. New Haven, London: Yale University Press. (Dtsch.: Shengold L [1995]. Soul murder. Seelenmord – die Auswirkungen von Missbrauch und Vernachlässigung in der Kindheit. Frankfurt: Brandes und Apsel.)

Sgroi SA (1982). Handbook of Clinical Intervention in Child Sexual Abuse. Lexington MA: Lexington Books.

Trepper TS, Barrett MJ (1992). Inzest und Therapie. Ein (system) therapeutisches Handbuch. Dortmund: modernes lernen.

Werner EE, Smith RS (1992). Overcoming the Odds. High Risk Children from Birth to Adulthood. Ithaka, London: Cornell University Press.

Michael Schulte-Markwort und Pia Düsterhus

ADS/ADHS und Familie – die Bedeutung familiärer Faktoren für die Symptomgenese

Schlüsselwörter
Aufmerksamkeitsdefizitsyndrom, ADS, ADHS, familiäre Faktoren, Vulnerabilität

Keywords
Attention-deficit disorder, ADD, ADHD, family factors, vulnerability

Zusammenfassung
Aufmerksamkeitsdefizitsyndrome (ADS/ADHS) gehören zu einer Gruppe häufiger und relevanter kinder- und jugendpsychiatrischer Störungen. In diesem Beitrag wird neben einem allgemeinen Überblick zu dieser Störung der Schwerpunkt auf familiäre Faktoren, insbesondere bei der Entstehung, gelegt. Es wird ein Modell entwickelt, das von einer biologisch determinierten Vulnerabilität für ADS/ADHS ausgeht, mit der dann protektive und schädigende familiäre Faktoren interagieren.

Summary
Attention-deficit disorders (ADD/ADHD) are part of a group of common and relevant child and adolescent psychiatric disorder. Beside a general overview on ADD/ADHD, this contribution focuses on family factors concerning aetiology. The evolved model shows an interaction between a biological vulnerability and family factors both being protective or damaging.

ADD/ADHD and family – the importance of family factors for symptom development

Persönlichkeitsstörungen 2003; 7: 95–104

Aufmerksamkeitsdefizitsyndrome (ADS/ADHS) gehören zu einer Gruppe von häufigen kinder- und jugendpsychiatrischen Störungen. Obwohl inzwischen ein breites Wissen über diese Störungen existiert, besteht insbesondere zwischen der psychoanalytischen Kinder- und Jugendlichenpsychotherapie und der wissenschaftlichen/universitären Kinder- und Jugendpsychiatrie und -psychotherapie ein Dissens über die Bedeutung familiärer Faktoren, vor allem bezüglich der Ätiologie beziehungsweise Genese der Störung.

Symptomatik

Zentrales Leitsymptom des ADS/ADHS ist die Unaufmerksamkeit. Dies äußert sich in überdurchschnittlich häufigen Flüchtigkeitsfehlern (Fehler, die nicht auf eine entsprechende Minderbegabung oder z. B. Hörfehler zurückzuführen sind) und einer von Lehrern und Eltern immer wieder beschriebenen mangelnden Ausdauer. Zu berücksichtigen sind dabei alters- und entwicklungsspezifische Ausdauer- und Konzentrationsleistungen, das heißt eine entsprechende Altersnorm. Im Alltag fallen die betroffenen Kinder häufig dadurch auf, dass sie nicht zuzuhören scheinen. Die Eltern berichten, dass sie vieles nicht nur mehrfach, sondern ständig sagen müssen, ohne dass sie den Eindruck haben, das Gesagte erreicht ihr Kind wirklich.

Der zweite wichtige Symptombereich ist die **Hyperaktivität**. Allerdings muss betont werden, dass diese Symptomatik nicht obligat ist für die Diagnostik – im Unterschied zum Symptomkomplex der Unaufmerksamkeit. Hyperaktive ADS-Kinder (ADHS) zappeln viel mit Händen und Füßen, müssen im Unterricht und auch zu Hause bei Hausaufgaben oft aufstehen und herumlaufen. Auch hier

---
Prof. Dr. med. Michael Schulte-Markwort, Universitätsklinikum Hamburg-Eppendorf, Klinik für Kinder- und Jugendpsychiatrie und Psychotherapie, Martinistraße 52, 20246 Hamburg-Eppendorf

muss die motorische Unruhe immer auf eine Altersnorm bezogen werden, weil jüngere Kinder noch einen ausgeprägteren motorischen Bewegungsdrang bei gleichzeitig weniger Kontrollmöglichkeit haben als ältere. Aber auch im Spiel kann die motorische Unruhe auffallen. Insgesamt wirken hyperaktive ADS-Kinder getrieben, als wenn es sofort nach dem Aufstehen einen „Motor" gibt, der sie antreibt und sie nicht zur Ruhe kommen lässt. Subjektiv erleben die betroffenen Kinder dies meistens nicht als störend. Die Hyperaktivität kann sich steigern bis hin zu exzessiver motorischer Aktivität. Versuche, diese exzessive motorische Aktivität abzuführen, in dem man den Kindern erlaubt, draußen herumzutoben, damit sie dann beruhigt wieder hereinkommen können, scheitern in der Regel, weil das Aktivitätsniveau so hoch liegt, dass es gar nicht zu einer Beruhigung im eigentlichen Sinne kommen kann. Bei jugendlichen ADS-Patienten erlebt man in der Regel zwar nicht mehr eine so

Tab. 1 Die diagnostischen Kriterien der Aufmerksamkeitsdefizitsyndrome nach den Forschungskriterien der ICD-10 (Dilling et al. 2002)

G1. Unaufmerksamkeit: mindestens sechs Monate lang mindestens sechs der folgenden Symptome von Unaufmerksamkeit in einem mit dem Entwicklungsstand des Kindes nicht zu vereinbarenden und unangemessenen Ausmaß. Die Kinder:
▪ 1. sind häufig unaufmerksam gegenüber Details oder machen Sorgfaltfehler bei den Schularbeiten und sonstigen Arbeiten und Aktivitäten ▪ 2. sind häufig nicht in der Lage, die Aufmerksamkeit bei Aufgaben und beim Spielen aufrechtzuerhalten ▪ 3. hören häufig scheinbar nicht, was ihnen gesagt wird ▪ 4. können oft Erklärungen nicht folgen oder ihre Schularbeiten, Aufgaben oder Pflichten am Arbeitsplatz nicht erfüllen (nicht wegen oppositionellem Verhalten oder weil die Erklärungen nicht verstanden werden) ▪ 5. sind häufig beeinträchtigt, Aufgaben und Aktivitäten zu organisieren ▪ 6. vermeiden ungeliebte Arbeiten wie Hausaufgaben, die häufig kognitives Durchhaltevermögen erfordern ▪ 7. verlieren häufig Gegenstände, die für bestimmte Aufgaben wichtig sind, zum Beispiel für Schularbeiten wie Bleistifte, Bücher, Spielsachen und Werkzeuge ▪ 8. werden häufig von externen Stimuli abgelenkt ▪ 9. sind im Verlauf der alltäglichen Aktivitäten oft vergesslich
G2. Überaktivität: mindestens sechs Monate lang mindestens drei der folgenden Symptome von Überaktivität in einem mit dem Entwicklungsstand des Kindes nicht zu vereinbarenden und unangemessenen Ausmaß. Die Kinder:
▪ 1. fuchteln häufig mit Händen und Füßen oder wenden sich auf den Sitzen ▪ 2. verlassen ihren Platz im Klassenraum oder in anderen Situationen, in denen Sitzenbleiben erwartet wird ▪ 3. laufen häufig herum oder klettern exzessiv in Situationen, in denen dies unpassend ist (bei Jugendlichen oder Erwachsenen entspricht dem nur ein Unruhegefühl) ▪ 4. sind häufig unnötig laut beim Spielen oder haben Schwierigkeiten bei leisen Freizeitbeschäftigungen ▪ 5. zeigen ein anhaltendes Muster exzessiver motorischer Aktivitäten, die durch den sozialen Kontext oder Verbote nicht durchgreifend beeinflussbar sind
G3. Impulsivität: mindestens sechs Monate lang mindestens eines der folgenden Symptome von Impulsivität in einem mit dem Entwicklungsstand des Kindes nicht zu vereinbarenden und unangemessenen Ausmaß. Die Kinder:
▪ 1. platzen häufig mit der Antwort heraus, bevor die Frage beendet ist ▪ 2. können häufig nicht in einer Reihe warten oder warten, bis sie bei Spielen oder in Gruppensituationen an die Reihe kommen ▪ 3. unterbrechen und stören andere häufig (z.B. mischen sie sich ins Gespräch oder Spiel anderer ein) ▪ 4. reden häufig exzessiv, ohne angemessen auf soziale Beschränkungen zu reagieren
G4. Beginn der Störung vor dem siebten Lebensjahr
G5. Die Kriterien sollen in mehr als einer Situation erfüllt sein, zum Beispiel sollte die Kombination von Unaufmerksamkeit und Überaktivität sowohl zu Hause als auch in der Schule bestehen oder in der Schule und an einem anderen Ort, wo die Kinder beobachtet werden können, zum Beispiel in der Klinik.
G6. Die Symptome von G1. bis G3. verursachen deutliches Leiden oder Beeinträchtigungen der sozialen, schulischen oder beruflichen Funktionsfähigkeit.
G7. Die Störung erfüllt nicht die Kriterien für eine tief greifende Entwicklungsstörung (F84), eine manische Episode (F30), eine depressive Episode (F41).

deutlich sichtbare Hyperaktivität, aber die Jugendlichen selbst beschreiben sehr häufig ein ständiges Gefühl der Unruhe, des Getriebenseins, unter dem sie auch entsprechend leiden (Gittelman et al. 1985).

Der dritte Symptombereich betrifft die **Impulsivität**. Während sich bei einem Kindergartenkind am Anfang seiner Kindergartenzeit noch niemand darüber wundern würde, wenn dieses Kind nicht in der Lage ist, einen Sprechimpuls etwas aufzuschieben, so ist dies bei Schulkindern eine der Voraussetzungen dafür, dass sie überhaupt erfolgreich am Unterricht teilnehmen können. ADS-/ADHS-Kinder platzen häufig mit Antworten heraus, können nicht warten und unterbrechen andere. Nicht selten wird diese Symptomatik missgedeutet als primär „ungezogenes", dissoziales Verhalten und die Kinder werden dafür entsprechend sanktioniert. Es kann aber auch sein, dass ADS-/ADHS-Kinder dadurch auffallen, dass sie übermäßig sprechen und mit ihrem Redeschwall das gesamte Umfeld dominieren. Zu den Störungen der Impulsivität gehört auch, dass die betroffenen Kinder einmal eingeleitete Handlungen häufig nicht unterbrechen können. Die diagnostischen Kriterien fassen die Forschungskriterien der ICD-10 (Dilling et al. 2002) zusammen, wie in Tabelle 1 dargestellt.

Prävalenz

Epidemiologische Untersuchungen der letzten 20 Jahre geben übereinstimmend in Europa und den USA eine Häufigkeit von etwa drei bis zehn Prozent der vier- bis zehnjährigen Kinder an, die – meistens auf der Grundlage des Elternurteils – ein ADS/ADHS haben (Lehmkuhl et al. 1998). Zu beachten ist bei der Bewertung dieser Studien, dass sie häufig mit unterschiedlichen und zum Teil gar nicht vergleichbaren Untersuchungsdesigns durchgeführt worden sind. Darüber hinaus ist festzuhalten, dass Eltern subjektiv häufiger, als man es durch differenzierte Untersuchungen bestätigen könnte, den Eindruck haben, ihre Kinder seien besonders unkonzentriert. Dies hat wahrscheinlich etwas damit zu tun, dass die häusliche Schularbeitensituation auch im Regelfall immer wieder einmal von Auseinandersetzungen zwischen Kindern und Eltern und vermeintlichen Problemen mit der Aufmerksamkeit und/oder Disziplin der Kinder gekennzeichnet ist. So ist im Elternurteil im Rahmen von Screening-Untersuchungen an repräsentativen Stichproben die Unkonzentriertheit eines der am häufigsten genannten Einzelsymptome (Schulte-Markwort u. Barkmann 2003). Legt man strengere Untersuchungskriterien zu Grunde, so kommt man auf eine Häufigkeit von drei bis fünf Prozent aller Kinder und Jugendlichen zwischen dem vierten und 18. Lebensjahr (Döpfner et al. 2000). Eindeutig ist, dass es eine klare Jungenlastigkeit gibt. Die Verhältnisse schwanken je nach Untersuchung zwischen drei Jungen auf ein Mädchen bis neun Jungen auf ein Mädchen. Sicher ist wohl, dass mindestens doppelt so viele Jungen wie Mädchen betroffen sind. Einige Untersuchungen ergeben Hinweise darauf, dass insbesondere Mädchen von der ADS-Form ohne Hyperaktivität betroffen sind, weshalb sie im sozialen Kontext auch nicht so auffallen (Baumgaertel et al. 1995). Dies könnte dafür sprechen, dass die Jungenlastigkeit nicht ganz so hoch ist, aber sicherlich sind doppelt so viele Jungen wie Mädchen betroffen.

Ätiopathogenese

Biologische Faktoren

Ein maßgeblicher Faktor bei der Entstehung des ADS/ADHS ist ein genetischer. Mehrere Untersuchungen zeigen, dass sich bei eineiigen, getrennt aufwachsenden Zwillingen die Störung zu 81% ausbildet, während zweieiige, getrennt aufwachsende Zwillinge zu 29% betroffen sind (Edelbrock et al. 1995). Auch wenn man daraus nicht schließen kann, dass die Genetik alleine verantwortlich für die Entstehung von ADS/ADHS ist, so ist ihr jedoch ein gewichtiger Faktor zuzuordnen, klärt sie etwa 50% der Varianz auf (Weiss 1996). Eine weitere Theorie zur Entstehung des ADS/ADHS beschäftigt sich mit der Hypothese, dass das Zentralnervensystem bei diesen Kindern geschädigt sein könnte (Barkley 1998). Es gibt Untersuchungen, die darauf hinweisen, dass ADS-/ADHS-Kinder vermehrt unter Sauerstoffmangel während der Geburt sowie einem niedrigeren Geburtsgewicht gelitten haben. Darüber hinaus gibt es in einigen Studien Hinweise darauf, dass es saisonale Häufungen von ADS-/ADHS-

Kindern gibt (Döpfner et al. 2000). Diese Ergebnisse sind insofern mit Vorsicht zu interpretieren, da die genannten Faktoren unspezifisch sind. Es gibt Anzeichen dafür, dass bei Kindern mit ADS/ADHS bestimmte neuroanatomische Veränderungen auftreten, die allerdings noch nicht endgültig schlüssig interpretiert werden können. Insbesondere Volumenverminderungen der rechtsseitigen anterioren Regionen des frontalen Kortex beziehungsweise der rechten präfrontalen und frontalen Hemisphärenregion sowie subkortikale Volumenminderungen im Bereich des linken Nucleus caudatus und des Globus pallidus sprechen für eine Entwicklungsabweichung der betroffenen Kinder im Rahmen der Neurogenese (Moll u. Rothenberger 2001). Sicher ist, dass man bei den betroffenen Kindern eine Verminderung hemmender Neurone findet, was offensichtlich für die Hyperaktivität und die mangelnde Impulskontrolle verantwortlich zu machen ist.

Familiäre Faktoren

Es gibt bislang keine Untersuchung, die im Längsschnitt zeigen konnte, dass primär psychisch gesunde Säuglinge durch schädigende familiäre Faktoren im weiteren Verlauf ein ADS/ADHS entwickelt haben. Interpretationen epidemiologischer Untersuchungen, die zum Beispiel die Symptomhäufigkeit in unterschiedlichen Situationen des Alltags (Döpfner u. Lehmkuhl 1995) beziehungsweise die Beziehungsabhängigkeit der Symptomhäufigkeit betreffen (Heinemann u. Hopf 2001), sind unzulässig und unwissenschaftlich, weil das empirische Material derart weit gehende Interpretationen nicht zulässt. In aller Deutlichkeit soll hier darauf hingewiesen werden, dass solch missbräuchlicher Umgang mit den Ergebnissen der empirischen Kinder- und Jugendpsychiatrie und -psychologie nur dazu beiträgt, dass die Kluft zwischen Kinderpsychoanalyse und Kinderpsychiatrie nicht überwunden wird. Allerdings darf die Betrachtung dieser Faktoren auch nicht dazu führen, dass sie aufgrund der hohen Bedeutung genetischer Faktoren vernachlässigt werden.

Familiäre Faktoren bei der Entstehung von ADS/ADHS sind neben der Weitergabe genetischer Faktoren auf mindestens zwei weiteren verschiedenen Ebenen zu betrachten: einmal auf der Ebene der Verstärkung der Symptomatik auf der Grundlage einer angeborenen Vulnerabilität eines Kindes in Bezug auf ADS/ADHS und zum anderen Mal auf der Ebene der Reaktion von Eltern auf ein primär „schwieriges" Kind. Darüber hinaus gibt es auf der personalen Ebene des Kindes ebenfalls mindestens zwei Aspekte, die Berücksichtigung finden sollten:

Symptomverstärkung

Viele Untersuchungen zeigen, dass ungeordnete, unstrukturierte, verwahrlosende und chaotische familiäre Verhältnisse in einem engen Wechselverhältnis zwischen der Vulnerabilität eines Kindes für ADS/ADHS und dem Schweregrad der Symptomatik stehen (Biederman et al. 2002). Man kann sich leicht vorstellen, dass eine primär im Kind angelegte ADS-/ADHS-Symptomatik sich verstärkt, wenn das Kind nicht nur keine Hilfen bei der Strukturierung von Wahrnehmungen und Handlungen erfährt, sondern darüber hinaus auf eine unstrukturierte Umgebung trifft. Bislang gibt es keine Untersuchungen, die in der Lage wären, zwischen dem Kindesanteil und dem Umgebungsanteil bezogen auf ADS/ADHS zu differenzieren. Immerhin gibt es Hinweise darauf, dass intrusive und überstimulierende Mütter signifikant dazu beitragen können, dass sich ein ADS/ADHS ausbildet (Jacobvitch u. Sroufe 1987). Es wäre allerdings verkürzt, aus diesem Befund einen monokausalen Zusammenhang zu konstruieren. Es ist vielmehr anzunehmen, dass sich bei Kindern – insbesondere Jungen –, die in den oben beschriebenen Verhältnissen aufwachsen, primär externalisierende Auffälligkeiten im Sinne der Störung des Sozialverhaltens entwickeln. Eine der wenigen Studien, die sich aus der Sicht der Bindungsforschung mit ADS-/ADHS-Kindern beschäftigt hat, konnte zeigen, dass die emotionale Sozialisation von Müttern mit ADS-/ADHS-Kindern durch höhere Bestrafungstendenzen gekennzeichn ist (Magai 1999). Darüber hinaus unterschiedenen sich die Bindungsstile sowohl der Kinder als auch ihrer Mütter nicht von denen der Kontrollgruppe. Für den Autor hängt dieser Befund damit zusammen, dass sich die Bindung im ersten Lebensjahr manifestiert, bevor das ADS-/ADHS-typische Verhalten auftritt. Diese Annahme steht in krassem

Gegensatz zu psychoanalytisch orientierten Kasuistiken, die nahezu immer von einer primären Psychogenese der Störung ausgehen (Bovensiepen et al. 2002). Allerdings muss auch festgehalten werden, dass es keine längsschnittlichen Untersuchungen gibt, die die Interaktion zwischen Symptomgenese und familiären Faktoren zum Gegenstand hätte. Immerhin existiert eine Studie, die zeigt, dass es einen Zusammenhang zwischen genetisch bedingter Vulnerabilität – in Form eines Polymorphismus für die Kodierung des Dopamin-D4-Rezeptor-Gens – und desorganisiertem Bindungsstil gibt (Lakatos et al. 2000). Aber auch hier führte der Weg von der biologisch bedingten Vulnerabilität zur psychogenetisch bedingten Beziehungsdesorganisation. Sicher ist, dass familiäre Faktoren und Beziehungsmuster auch in Familien mit ADS-/ADHS-Kindern im Alter zwischen drei und sechs Jahren eine hohe Stabilität aufweisen (Campbell et al. 1986). Väter und Mütter unterscheiden sich entgegen der Auffassung von Heinemann und Hopf (2001) nicht voneinander in ihren Beziehungen und Verhalten den ADS-/ADHS-Kindern gegenüber (Tallmadge u. Barkley 1983).

Familiäre Reaktionen

Während psychische Reaktionen von Familien auf – psychisch, geistig und/oder körperlich – behinderte Kinder vielfach beschrieben und als nachvollziehbares Verhalten in der psychotherapeutischen Literatur akzeptiert sind, findet man in Bezug auf Eltern von ADS-/ADHS-Kindern immer noch den Hinweis darauf, dass Eltern mit der selbst gestellten Verdachtsdiagnose auf der bloßen Suche nach eigener Exkulpation sind. Diese Hypothesen verleugnen, welche erheblichen psychischen Belastungen von Eltern betroffener Kinder erlebt und ausgehalten werden müssen. Der emotionale Stress für die betroffenen Familien ist erheblich (Harrison u. Sofronoff 2002). Nicht selten erleben diese Eltern subjektiv ein frühes Scheitern eigener Bemühungen um Beziehung und Erziehung. Sie müssen ein Kind ertragen, das nicht zur Ruhe kommt, mit dem Spielen oft kaum möglich ist, das schnell ausgegrenzt wird und in der Folge unter Umständen auch aggressive Symptome entwickelt. Solche Eltern, die über die potenzielle Störung ihres Kindes oft nicht ausreichend aufgeklärt sind und negative Vorstellungen über das Verhalten ihres Kindes haben (Johnson u. Mash 2001), sind voller Schuldgefühle und geraten in Kombination mit dem täglichen Scheitern ihrer Bemühungen in einen circulus vitiosus, der seinerseits die Symptomatik des Kindes verstärkt. Andererseits können stabile emotionale familiäre Bedingungen den Langzeitverlauf günstig beeinflussen (Weiss u. Hechtman 1993), sowie gegenteilige Faktoren eine stetige Verschlechterung der Symptomatik, der Ko-Symptomatik und der Prognose nach sich ziehen.

Personale Faktoren
Selbstverstärkung

Die in der Regel durchschnittlich intelligenten Kinder nehmen spätestens mit dem Beginn systematischer kognitiver Anforderungen in Vorschule und Schule an sich wahr, dass ihr Lernerfolg trotz subjektiv gleicher Anstrengungen wie bei den Gleichaltrigen geringer ist oder gar ausbleibt. In einem Teufelskreislauf von Konzentrationsmangel und ausbleibendem Lernerfolg verstärken sich die kognitiven Defizite, die dann bald durch ein sich beständig verschlechterndes Selbstwertgefühl unmittelbar Auswirkungen auf die Motivation haben, was sich wiederum auf die Ausdauer niederschlägt und so zu dem typischen klinischen Bild des undiagnostizierten und/oder unbehandelten ADS-/ADHS-Kindes führt: Bei durchschnittlicher Intelligenz wird ein Kind (Junge) vorgestellt, der keinen Schulerfolg hat, in der Klassengemeinschaft als Störenfried gilt, ein schlechtes Selbstwertgefühl hat und depressive Symptome entwickelt und dessen emotionaler Rückhalt auch in der Familie schwindet. Diese Kinder glauben nicht mehr an sich und verstärken in (sub-)depressiver Manier ihre schlechte Gesamtsituation. Ein „Ausweg" ist dann manchmal die aggressive Abwehr des Misserfolges, indem mit dissozialer Abwehr die Ursache für alles subjektive Übel im Außen vermutet wird. Die Entwicklung komorbider Störungen gehört deshalb zu dem zweiten wichtigen Bereich der personalen Faktoren, die im Rahmen der Entwicklung eines ADS/ADHS bedeutsam sind.

Komorbide Störungen

An erster Stelle ist hier die Störung des Sozialverhaltens zu nennen, die in etwa 30% bis 50% aller Fälle von ADS/ADHS vorkommt (Barkley 1998; Weiss 1996). Es ist allerdings zu erwarten und zu wünschen, dass diese Komorbiditätsrate in der Zukunft abnimmt, wenn es gelingt, Kinder mit Verdacht auf ADS/ADHS möglichst frühzeitig, das heißt schon vor beziehungsweise zu Beginn der Einschulung zu diagnostizieren und gegebenenfalls zu behandeln. Ähnliches gilt für depressive Erkrankungen, die in der Regel reaktiv auftreten, weil die betroffenen Kinder die ständigen Misserfolgserlebnisse nicht adäquat verarbeiten können. Hier ist von einer Komorbiditätsrate für depressive Erkrankungen von zehn bis 40% auszugehen, gefolgt von den Angsterkrankungen, die in 20% bis 25% aller Fälle auftreten. Auch hier ist primär von einem reaktiven Geschehen auszugehen, das sich auf die primären Misserfolge bezieht, denen die Kinder ständig ausgesetzt sind. Lernstörungen und Teilleistungsschwächen finden sich in zehn bis 25 Prozent aller ADS-/ADHS-Kinder. Offensichtlich haben sie eine besondere Vulnerabilität für zusätzliche neurologisch begründbare Erkrankungen. In bis zu 30% aller Fälle treten bei Kindern mit ADS/ADHS Ticerkrankungen auf, die in seltenen Fällen bis zum Tourette-Syndrom gesteigert sein können.

Festzuhalten ist, dass weder genetische Faktoren noch psychosoziale Bedingungen alleine die Entstehung von ADS/ADHS erklären können. Offensichtlich entsteht auf der Grundlage des individuellen Ausmaßes einer genetisch bedingten Vulnerabilität in Abhängigkeit von protektiven/schädigenden sozialen Bedingungen beziehungsweise familiären Faktoren ein ADS/ADHS. Es wird in jedem Einzelfall darum gehen, insbesondere die schädigenden – und schützenden – psychosozialen Faktoren herauszuarbeiten und therapeutisch zu nutzen. Abbildung 1 zeigt diesen Zusammenhang modellhaft.

Persönlichkeitsstörungen

Über den Zusammenhang zwischen Persönlichkeitsstörungen und ADS/ADHS gibt es kaum kinder- und jugendpsychiatrische Literatur, weil diese Frage allenfalls in der Verlaufsforschung eine Rolle spielt. Erwartungsgemäß spielt die Antisoziale Persönlichkeitsstörung, die sich aus der sekundären beziehungsweise komorbiden Störung des Sozialverhaltens entwickelt, die größte Rolle. So ist der Zusammenhang zwischen ADS/ADHS in der Kindheit und Delinquenzkarrieren im Erwachsenenalter gesichert (Barkley 1998). Die Wahrscheinlichkeit, dass sich eine Antisoziale Persönlichkeitsstörung

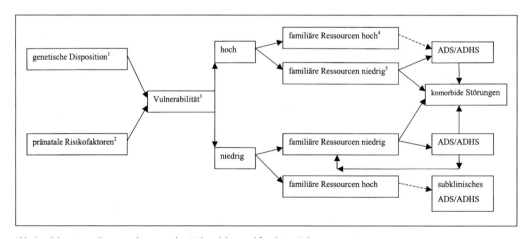

Abb. 1   Schema zum Zusammenhang zwischen Vulnerabilität und familiären Faktoren
[1] z. B. DRD4, 5-HAT (1B), Geschlecht männlich; [2] z. B. maternaler Stress, Nikotin; [3] z. B. mangelnde Impulshemmung Affekt, Aufmerksamkeit, Handlungssequenzen; [4] z. B. sicherer Bindungsstil, stützendes emotionales Klima, geringe Life-events; [5] z. B. unsicherer Bindungsstil, familiäre Disharmonie, elterliche psychische Erkrankung

entwickelt, steigt mit dem Ausmaß der Nichtbehandlung (Committee on Child Psychiatry 1999). Eine zusätzliche Störung des Sozialverhaltens scheint darüber hinaus auch eine Major Depression im Erwachsenenalter vorherzusagen (Fischer at al. 2002). Bei entsprechend schädigenden familiären Faktoren ist auch denkbar, dass sich instabile Persönlichkeiten mit den entsprechenden Persönlichkeitsstörungen ausbilden. Hierzu gibt es allerdings bislang nur eine Untersuchung (Fossati et al. 2002). In dieser retrospektiven Untersuchung an Erwachsenen ist der Zusammenhang zwischen ADS/ADHS in der Kindheit und einer Borderline-Persönlichkeitsstörung im Erwachsenenalter signifikant.

Diagnostik

Grundlage jeder Diagnostik bei Verdacht auf ADS/ADHS ist eine ausführliche Anamnese. Hierbei können Fragebögen hilfreich sein, die sowohl von den Eltern als auch gegebenenfalls vom Kind/Jugendlichen, aber insbesondere von Mitarbeitern des Kindergartens sowie Lehrern ausgefüllt werden. Wichtig ist dabei, umfassende Informationen über eine mögliche Situationsspezifität der Symptomatik zu bekommen. Hierbei kann es auch sehr hilfreich sein, nach Erlaubnis durch die Eltern mit verschiedenen Lehrern persönlich zu sprechen, die das betroffene Kind aus dem Unterricht kennen. Unbedingt zu berücksichtigen sind Entwicklungsaspekte und Milieubedingungen, um nicht nur die psychosozialen Faktoren gut einschätzen zu können, sondern um darüber hinaus Behinderungen in der Entwicklung des Kindes, die schon weiter zurückliegen, nicht zu übersehen. Ein ausführlicher, differenzierter psychopathologischer Befund gehört zu jeder kinder- und jugendpsychiatrischen Untersuchung. Hierbei ist darauf zu achten, dass unter Umständen das Kind im Einzelkontakt der Untersuchung weitaus weniger auffällig ist als im Gruppen- oder Klassenverband. Die körperliche Untersuchung dient dazu, neurologische Auffälligkeiten festzustellen und alle somatischen Differenzialdiagnosen auszuschließen. Ein EEG sowie entsprechende Laboruntersuchungen runden die **Basisdiagnostik** ab.

Weiterführend geht es dann um eine standardisierte Intelligenztestung, die von einem erfahrenen Testpsychologen durchgeführt werden sollte, weil es häufig auch schon sehr aussagekräftig ist, wie sich das entsprechende Kind in der Testsituation verhält. Bei entsprechendem Verdacht beziehungsweise uneinheitlichem IQ-Profil müssen

Tab. 2 Leitlinien des Hamburger Arbeitskreises zur Diagnostik des ADS/ADHS

Ärztliche Basisdiagnostik:
- allgemeine und störungsspezifische Anamnese und Familienanamnese unter besonderer Berücksichtigung der Psychodynamik
- Psychodynamik
- Fragebögen Eltern/Kind/Kindergarten/Schule
- Einbeziehung von Entwicklungsaspekten und Milieubedingungen
- psychischer Befund
- körperliche und neurologisch-motoskopische Untersuchung
- EEG
- Labor: Differenzialblutbild, Leberwerte, Schilddrüse, Kreatinin

Psychodiagnostik:
- obligat:
  - standardisierte IQ-Testung (z. B. K-ABC, HAWIK-III)
  - Konzentrationstestung
  - Diagnostik umschriebener Entwicklungsstörungen
- fakultativ:
  - Fragebögen für komorbide Störungen
  - projektive Testung
  - videogestützte Diagnostik

Fakultative weiterführende ärztliche Diagnostik
- phoniatrische Differenzialdiagnostik
- pädaudiologische Differenzialdiagnostik
- pädophtalmologische Differenzialdiagnostik
- genetische Differenzialdiagnostik
- Bild gebende/elektrophysiologische Verfahren

Untersuchungen zu Beginn einer medikamentösen Behandlung
- obligat:
  - Überprüfung der Bereitschaft und Fähigkeit der Familie zur Mitarbeit
  - EKG
  - Labor (s.o.)
  - Körpergröße und Gewicht
- fakultativ:
  - Drogenscreening bei Jugendlichen

Zeitaufwand für Basisdiagnostik und Psychodiagnostik in der Regel 5 Stunden

Teilfunktionen überprüft werden. Eine Aufmerksamkeitstestung kann dann die testpsychologische Untersuchung abrunden. Sie alleine wird allerdings nie aussagekräftig genug sein, um mit Sicherheit ein ADS/ADHS feststellen oder ausschließen zu können (Heubrock u. Petermann 2001). Der Hamburger Arbeitskreis ADS (2002) hat hierzu eigene Empfehlungen erarbeitet, die inzwischen auch Grundlage von Konsenspapieren auf Bundesebene geworden sind (Tab. 2).

Differenzialdiagnose

Die wichtigste Differenzialdiagnose ist die Störung des Sozialverhaltens. Sie wird dann zur Differenzialdiagnose, wenn zusätzlich keine Hinweise auf ein ADS/ADHS vorliegen. In der klinischen Praxis kann es manchmal schwierig sein, eine Verweigerungshaltung und übermäßige Aggressivität von Konzentrationsstörungen und Hyperaktivität zu trennen. Hier wird es immer darum gehen, in einem entsprechenden differenzierten Untersuchungsgeschehen unter zur Hilfenahme möglichst vieler Informationen sowie testpsychologischer Untersuchungen die Symptome gegeneinander abzugrenzen. Weiterhin sind **differenzialdiagnostisch** zu berücksichtigen:
- Seh- und/oder Hörstörungen
- Epilepsie
- Lernbehinderung (IQ < 84)
- geistige Behinderung (IQ < 69)
- Hyperthyreose
- Medikamentennebenwirkungen

Therapie

Der erste und sehr wichtige Schritt bei der Einleitung einer Behandlung ist die ausführliche Information und Aufklärung des Kindes und seiner Familie (Döpfner et al. 2000; Stollhoff et al. 2002). Die klinische Erfahrung lehrt, dass nicht selten alleine diese Beratung der Familie und dem betroffenen Kind schon sehr hilft, weil alle aus dem Schuldkomplex herauskommen, in dem sie sich vorher befunden haben: die Eltern dahingehend, dass sie den Eindruck hatten, sie haben in der Erziehung ihres Kindes völlig versagt, und das Kind dahingehend, dass es trotz größter Mühen offensichtlich nur als dumm zu bezeichnen ist. Je nach Schweregrad der Symptomatik ist eine spezifische Eltern-Kind-Behandlung einzuleiten, in der beiden Teilen beigebracht wird, wie man mit Konzentrationsdefiziten umgeht, wie man seinen Alltag strukturiert, wie man Merkhilfen etabliert und vieles andere mehr. Wichtig ist, dass der behandelnde Kinder- und Jugendpsychiater begleitende Maßnahmen wie Ergotherapie oder Bewegungstherapie koordiniert, damit möglichst alle Maßnahmen aufeinander abgestimmt sind. In vielen Fällen und bei entsprechendem Schweregrad ist eine Pharmakotherapie unumgänglich. Darüber hinaus können Aufmerksamkeitstrainings- und Trainingsverfahren für die soziale Kompetenz des Kindes, je nach Ausprägung der Symptomatik und vor allem der Störung des Sozialverhaltens, hilfreich sein. Nicht zuletzt kann eine Indikation für eine Psychotherapie bestehen, die sowohl das Kind alleine betreffen als auch eine Gruppentherapie oder eine Familientherapie beinhalten kann. Schematische Therapieempfehlungen verbieten sich, weil jeder Fall sowohl bezüglich der ADS-/ADHS-Symptomatik als auch anderer Umgebungsfaktoren anders geartet ist und entsprechend spezifisch darauf reagiert werden muss.

Für eine **medikamentöse Behandlung** des ADS/ADHS stehen unterschiedliche Substanzen aus unterschiedlichen Stoffklassen zur Verfügung. An erster Stelle sind hier die Stimulanzien zu nennen. Am häufigsten wird zur Behandlung von ADS/ADHS das Methylphenidat (Ritalin®, Medikinet®) eingesetzt, das inzwischen auch in einer Retardform vorliegt (Concerta®). Weiterhin kommen zum Einsatz D-Amphetamine, Pemolin (Tradon®) sowie Fenetyllin (Captagon®). Als ebenfalls wirksam, wenn auch nicht in demselben Maße wie die Stimulanzien, haben sich einige Antidepressiva herausgestellt. Hierbei sind die trizyklischen klassischen Antidepressiva zu nennen, die allerdings wegen ihrer kardialen Nebenwirkungen nur bei entsprechender Vorsorge eingesetzt werden sollten. Im manchen Fällen haben sich auch Betablocker als wirksam erwiesen, hier insbesondere für die Symptomatik der Einschlafstörungen, die auch mit Melatonin erfolgreich behandelt werden können. In jüngster Zeit ist in den USA ein neues Antidepressivum, ein selektiver Noradrenalin-Wiederaufnahme-Hemmer (Atomoxetin) für die Behandlung des ADS/ADHS zugelassen worden. Es ist davon auszugehen, dass spätestens 2004 auch für Europa eine Zulassung erteilt werden wird. Damit würde erstmals eine wirkliche Alternative zu der Stimulanzientherapie zur Verfügung stehen. Inzwischen stehen für die Behandlung evidenzbasierte Übersichten zur Verfügung (Döpfner u. Lehmkuhl 2001). Der Hamburger Arbeitskreis ADS/ADHS (2002) schlägt das in Tabelle 3 aufgeführte Vorgehen zur Behandlung vor.

Prognose

Wichtig im Zusammenhang mit ADS/ADHS ist eine frühe und effektive Behandlung. Auch wenn in vielen Manualen betont wird, dass eine medikamentöse Therapie nicht vor dem sechsten Lebensjahr beginnen sollte, so ist doch häufig eine Diagnostik im Kindergarten- beziehungsweise Vorschulalter möglich und notwendig. Immer notwendig ist es, die Familie mit einzubeziehen und nach Möglichkeit auch die Lehrer (nicht nur im diagnostischen Sinn) in das Gesamtkonzept der Behandlung einzubinden. Immer ist darauf zu achten, welche soziale Unterstützung das Kind beziehungsweise die ganze Familie erhält. Es ist davon auszugehen, dass eine kombinierte medikamentöse Behandlung in etwa 70% bis 80% der Fälle erfolgreich ist. Sind alle die vorgenannten Bedingungen erfüllt, so ist die Prognose des ADS/ADHS nicht sehr ungünstig; sie verschlechtert sich allerdings dramatisch, je mehr Symptome der Störung des Sozialverhaltens hinzukommen und je mehr kognitive Beeinträchtigungen bei dem Kind zu finden sind, die jeweils einer gesonderten Behandlung zuzuführen sind.

Tab. 3 Leitlinien des Hamburger Arbeitskreises zur ärztlich-psychotherapeutischen Behandlung des ADS/ADHS

Obligat:
■ Information, Aufklärung und Anleitung von Kind, Eltern und Umfeld
■ Eltern-Kind-Behandlung
■ störungsspezifische Behandlung von Familie und Kind unter Einbeziehung des sozialen Kontextes mit speziellem Elterntraining
■ Einleitung und Koordination begleitender Maßnahmen
Fakultativ:
■ Psychopharmakotherapie
■ (bei erheblicher psychosozialer Gefährdung kann diese Behandlung auch schon zu Beginn der Therapie eingesetzt werden)
■ soziales Kompetenztraining
■ Einzelpsychotherapie
■ Gruppentherapie
■ Familientherapie
Behandlung komorbider Störungen:
■ Störung des Sozialverhaltens
■ umschriebene Entwicklungsstörungen
■ Depression
■ Angst

Literatur

Barkley RA (1998). Attention-deficit Hyperactivity Disorder: A Handbook for Diagnosis and Treatment. 2nd ed. New York: Guilford.

Baumgaertel A, Wolraich M, Dietrich M (1995). Comparison of diagnostic criteria for attention deficit disorders in a German elementary school sample. J Am Acad Child Adolesc Psychiatry 34: 629-38.

Biederman J, Faraone SV, Monuteaux MC (2002). Differential effect of environmental adversity by gender: Rutter's Index of Adversity in a group of boys and girls with and without ADHD. Am J Psychiatry 159: 1556-62.

Bovensiepen G, Hopf H, Molitor G (Hrsg) (2002). Unruhige und unaufmerksame Kinder. Psychoanalyse des hyperkinetischen Syndroms. Frankfurt: Brandes u. Apsel.

Campbell SB, Breaux AM, Ewing LJ, Szumowski EK (1986). Correlates and predictors of hyperactivity and aggression: A longitudinal study of parent-referred problem preschoolers. J Abnorm Child Psychol 14: 217-34.

Committee on Child Psychiatry (1999). In the Long Run: Attention-Deficit/Hyperactivity Disorder. Washington: American Psychiatric Press; 103-10.

Dilling H, Mombour W, Schmidt MH, Schulte-Markwort E (2002). Internationale Klassifikation psychischer Störungen. ICD-10 Kapitel V (F). Diagnostische Kriterien für Forschung und Praxis. 2. Aufl. Bern: Huber.

Döpfner M, Lehkuhl G (1995). Elterntraining bei hyperkinetischen Störungen. In: Hyperkinetische Störungen im Kindes- und Jugendalter. Steinhausen H-C (Hrsg). Stuttgart: Kohlhammer.

Döpfner M, Frölich J, Lehmkuhl G (2000). Hyperkinetische Störungen. Leitfaden Kinder- und Jugendpsychotherapie. Bd. 1. Göttingen: Hogrefe.

Döpfner M, Lehmkuhl G (2001). Evidenzbasierte Therapie von Kindern und Jugendlichen mit Aufmerksamkeitsdefizit-/Hyperaktivitätsstörung (ADHS). Prax Kinderpsychol Kinderpsychiatr 51: 419-40.

Edelbrock CS, Rende R, Plomin R, Thompson L (1995). A twin study of competence and problem behavior in childhood and early adolescence. J Child Psychol Psychiatry 36: 775-86.

Fischer M, Barkley RA, Smallish L, Fletcher K (2002). Young adult follow-up of hyperactive children: self-reported psychiatric disorders, comorbidity, and the role of childhood conduct problems and teen CD. Abnorm Child Psychol 30: 463-75.
Fossati A, Novella L, Donati D, Donini M, Maffei C (2002). History of childhood attention deficit/hyperactivity disorder symptoms and borderline personality disorder: a controlled study. Compr Psychiatry 45: 369-77.
Gittelman R, Mannuza S, Henker R, Bonagura N (1985). Hyperactive boys almost grown up: I. Psychiatric status. Arch Gen Psychiatry 42: 937-47.
Hamburger Arbeitskreis ADS/ADHS (2002). Leitfaden ADS/ADHS. Hamburg: Eigenverlag.
Harrison C, Sofronoff K (2002). ADHD and parental psychological distress: Role of demographics, child behavioral characteristics, and parental cognitions. J Am Acad Child Adolesc Psychiatry 41: 703-11.
Heinemann E, Hopf H (2001). Psychische Störungen in Kindheit und Jugend. Stuttgart: Kohlhammer.
Heubrock D, Petermann F (2001). Aufmerksamkeitsdiagnostik. Kompendien Psychologische Diagnostik. Bd. 2. Göttingen: Hogrefe.
Jacobvitch D, Sroufe LA (1987). The early care-giver-child relationship and attention-deficit disorder with hyperactivity in kindergarten: A prospective study. Child Dev 58: 1496-504.
Johnston C, Mash EJ (2001). Families of children with attention-deficit/hyperactivity disorder: Review and recommendations for future research. Clin Child Fam Psychol Rev 4: 183-207.
Lakatos K, Toth I, Nemoda Z, Ney K, Sasvari-Szekely M, Gervai J (2000). Dopamine D4 receptor (DRD4) gene polymorphism is associated with attachment disorganisation in infants. Mol Psychiatry 5: 633-7.
Lehmkuhl G, Döpfner M, Plück J, Berner W, Fegert J, Huss M, Lenz K, Schmeck K, Lehmkuhl U, Poustka F (1998). Häufigkeit psychischer Auffälligkeiten und somatischer Beschwerden bei vier- bis zehnjährigen Kindern in Deutschland im Urteil der Eltern – ein Vergleich normorientierter und kriterienorientierter Modelle. Z Kinder Jugendpsychiatr Psychother 26: 83-96.
Magai C (1999). Affect, imagery, and attachment. Working models of interpersonal affect and the socialization of emotion. In: Handbook of Attachment. Theory, Research and Clinical Applications. Cassidy J, Shaver PR (eds). New York: Guilford.
Moll GH, Rothenberger A (2001). Neurobiologische Grundlagen. Ein pathophysiologisches Erklärungsmodell der ADHD. Kinderärztl Prax, Sonderheft: Unaufmerksam und hyperaktiv: 9-15
Schulte-Markwort M, Barkmann C (2003). Prävalenz psychischer und somatischer Beschwerden im Eltern- und Selbsturteil von 4- bis 18jährigen Kindern und Jugendlichen in Deutschland im Rahmen einer repräsentativen Untersuchung. Unveröff. Manuskr. Hamburg.
Stollhoff K, Mahler W, Duscha K (2002). Hochrisiko ADHS. Lübeck: Schmidt Römhild.
Tallmadge J, Barkley RA (1983). The interactions of hyperactive and normal boys with their fathers and mothers. J Abnorm Child Psychol 11: 565-79.
Weiss G, Hechtman L (1993). Hyperactive Children Grown Up. New York: Guilford.
Weiss G (1996). Attention deficit hyperactivity disorder. In: Child and Adolescent Psychiatry. 2nd ed. Lewis M (ed). Baltimore: Williams u. Wilkins; 544-63.

ADHS im Erwachsenenalter

Krause/Krause
ADHS im Erwachsenenalter
Die Aufmerksamkeitsdefizit-/
Hyperaktivitätsstörung bei Erwachsenen

Geleitwort von Wolfgang Tress

2003. 155 Seiten, 11 Abbildungen, 9 Tabellen, kart.

€ 29,95/CHF 47,90 · ISBN 3-7945-2243-5

Konzentrationsprobleme, motorische Unruhe, Impulsivität, emotionale Störungen und Stressintoleranz sind häufige Symptome der **Aufmerksamkeitsdefizit-/Hyperaktivitätsstörung (ADHS)**. Galt sie früher hierzulande als eine ausschließlich kinder- und jugendpsychiatrische Erkrankung, so hat sich inzwischen herausgestellt, dass sie bei einer erheblichen Anzahl der Betroffenen auch noch **im Erwachsenenalter** auftritt.

Die **Diagnose** erfordert die Kenntnis sowohl früherer als auch aktueller Symptome. Außerdem sollte, wenn möglich, eine eingehende Familienanamnese erhoben werden. Es dürfen auch differenzialdiagnostische Aspekte und komorbide Störungen nicht außer Acht gelassen werden.

Für die **medikamentöse Therapie** braucht der behandelnde Arzt Erfahrung im Umgang mit Psychopharmaka, um eine individuelle Einstellung zu erreichen. Mittel der ersten Wahl sind auch beim Erwachsenen Stimulanzien; Kombinationen mit Antidepressiva können bei komorbiden Depressionen oder basalen Persönlichkeitsstörungen mit Stimmungsschwankungen Abhilfe schaffen. Meist ist eine **begleitende Psychotherapie** erforderlich, wobei sich neben verhaltenstherapeutischen Ansätzen auch tiefenpsychologisch fundierte Verfahren bewährt haben.

In diesem Buch werden nomenklatorische Probleme, Prävalenz, Ursachen, Diagnostik und Therapie der ADHS beim Erwachsen dargelegt.

„Das vorliegende Buch schliesst in vorbildlicher Weise eine im Bereich der Erwachsenenpsychiatrie bestehende Lücke."
Dr. E. Davids, psychoneuro Ausgabe 1+2/2003

www.schattauer.de

Sabine Walper und Anna-Katharina Gerhard

Zwischen Risiko und Chance – Konsequenzen einer elterlichen Scheidung für die psychosoziale Entwicklung betroffener Kinder

Schlüsselwörter
Scheidung, Erziehung, Elternbeziehung, Persönlichkeitsentwicklung, somatische Beschwerden

Keywords
Divorce, child rearing, interparental conflict, personality development, somatic disorders

Zusammenfassung
Die Trennung und Scheidung der Eltern stellt ein äußerst belastendes Ereignis im Leben von Kindern und Jugendlichen dar, das jedoch sehr unterschiedlich ausgestaltet sein kann und unterschiedliche Konsequenzen für die Kinder mit sich bringen kann. In diesem Artikel werden theoretische und methodische Ansätze vorgestellt, die Aufschluss über die Auswirkungen auf Sozialbeziehungen, Persönlichkeitsentwicklung und Befindlichkeit der Kinder geben sowie besonders belastende Kontextfaktoren einer Scheidung aufdecken. Dazu werden empirische Befunde aktueller Studien aus den USA und Deutschland referiert. Ein Unterkapitel ist Ergebnissen aus dem Projekt „Familienentwicklung nach der Trennung" gewidmet. Hier werden Folgen der Trennung auf die Befindlichkeit der Kinder und Jugendlichen sowie deren Beziehung zu den Eltern aufgezeigt. Abschließend werden praktische Implikationen der dargestellten Befunde für die betroffenen Familien diskutiert.

Summary
Parental separation / divorce is a stressful event in children's and adolescents' lives, but it may vary by contextual conditions and processes involved as well as by child outcomes. This article discusses theoretical concepts and methodological approaches which inform about the effects of divorce on children's social relationships, personality development, and well-being, and which reveal stressful contextual factors involved. Empirical findings from studies in the USA as well as Germany are presented. In a subchapter results from the project "Families after separation" are reported which address effects of parental conflict and separation of children's and adolescents' well-being and their relationship to both parents. In conclusion practical implications of these findings are discussed.

Between risk and chance – consequences of parental separation for children's psychosocial development

Persönlichkeitsstörungen 2003; 7: 105–16

Die Trennung und Scheidung der eigenen Eltern zu erleben, ist eine der belastendsten Erfahrungen, die Kinder und Jugendliche machen können (Monaghan et al. 1979). Im Jahr 2001 erlebten in Deutschland 153.500 Minderjährige eine Scheidung der Eltern (Statistisches Bundesamt 2002), wobei Kinder, deren Eltern sich trennen, ohne die juristische Scheidung zu vollziehen (und sei es, weil sie nie verheiratet waren), nicht mit erfasst sind. Dass ein derart einschneidendes Lebensereignis nicht ohne Folgen für die psychosoziale Entwicklung bleiben kann, liegt sehr nahe, und entsprechende Nachteile von Scheidungskindern gegenüber Kindern aus Kern-

---
Prof. Dr. Sabine Walper, Ludwig-Maximilians-Universität München, Fakultät für Psychologie und Pädagogik, Leopoldstr. 13, 80802 München

familien sind vielfältig dokumentiert. Allerdings hat sich mittlerweile die Erkenntnis durchgesetzt, dass einfache Vergleiche von Kindern aus Kernfamilien und „nicht intakten" Familien wenig aussagekräftig sind (Hofmann-Hausner u. Bastine 1995; Walper 2002b; Walper u. Schwarz 1999a). Bewährt hat sich eine komplexere Sichtweise, die den durchaus unterschiedlichen Reaktionen der Betroffenen Rechnung trägt und hierbei die jeweilige Ausgestaltung der familialen Lebensbedingungen, die verfügbaren sozialen Unterstützungsnetze, aber auch die individuellen Bewältigungsressourcen der Kinder in den Blick nimmt. Insbesondere in den USA hat die wissenschaftliche Forschung eine kaum überschaubare Fülle an Befunden zur Entwicklung von Scheidungskindern hervorgebracht (zum Überblick s. Amato 2000; Hetherington u. Stanley-Hagen 1999; Pryor u. Rodgers 2001). Aber auch in Deutschland sind in den letzten Jahren einige wichtige Untersuchungen entstanden, die Scheidungsverläufe in ihren Bedingungen und Konsequenzen differenziert nachzeichnen (z.B. Reis u. Meyer-Probst 1999; Schmidt-Denter 2000; 2001; Walper 2002a; vgl. auch die Beiträge in Walper u. Schwarz 1999b).

Im Folgenden sollen zunächst theoretische Perspektiven und exemplarische Befunde dargestellt werden, die Folgen einer elterlichen Trennung auch im Lichte vorausgegangener Belastungen aufzeigen und auf die Bedeutung der Kontextbedingungen im Rahmen einer Scheidung hinweisen. Im Anschluss hieran werden einschlägige Ergebnisse des Forschungsprojektes „Familienentwicklung nach der Trennung" vorgestellt, in dessen Rahmen seit 1996 längsschnittliche Befragungen von Kindern und Jugendlichen durchgeführt werden. Zum Abschluss wird ein Ausblick auf weiterführende Fragestellungen, aber auch auf praktische Implikationen der berichteten Befunde gegeben.

Theoretische Perspektiven und empirische Befunde zur Entwicklung von Kindern aus Trennungsfamilien

Was macht eine Scheidung für Kinder belastend?

Die Folgen einer elterlichen Trennung und Scheidung für die betroffenen Kinder wurden seit jeher aus unterschiedlichsten Perspektiven beleuchtet. So stellt die Bindungstheorie die zentrale Rolle von überdauernden Bindungen für die Entwicklung der Kinder heraus (Bowlby 1973; Grossmann 2000) und sieht entsprechend in einer Scheidung und der im Regelfall resultierenden Reduktion des Kontaktes zu einem Elternteil einen Risikofaktor für die sichere Bindung des Kindes an diesen Elternteil und somit für seine generelle psychische Entwicklung. Aber auch lerntheoretisch orientierte Sozialisationsforscher sahen im **Verlust eines Elternteils** einen Risikofaktor, da so das Erlernen angemessenen Geschlechtsrollenverhaltens erschwert sei. Lange waren Experten wie Laien deswegen der festen Überzeugung, dass Scheidungskinder in ihrer psychosozialen Entwicklung Schaden nehmen müssten. Mittlerweile verdeutlichen jedoch zahlreiche Befunde, dass dies nicht zwangsläufig der Fall ist (Amato 2000; Hetherington u. Stanley-Hagan 1999; Schwarz u. Noack 2002; Walper 2002b). Variationen im Verlauf der Scheidungen, aber auch in den Voraussetzungen für die Bewältigung der damit verbundenen Belastungen tragen dazu bei, dass sich seitens der Betroffenen durchaus unterschiedliche Reaktionen finden. In der Analyse von Scheidungsfolgen hat sich entsprechend das Interesse zunehmend darauf gerichtet, diesen Variationen Rechnung zu tragen und sie angemessen zu erklären.

Auf die komplexen Veränderungsprozesse, die eine Familie im Zuge des Übergangs zur Trennungsfamilie zu meistern hat, fokussiert der dynamisch-entwicklungsbezogene Ansatz, der eine Scheidung als **Transition** im Verlauf der Familienentwicklung versteht und spezifische Entwicklungsaufgaben für Eltern und Kinder herausgearbeitet hat (vgl. Schwarz & Noack, 2002). Hierbei werden einzelne **Entwicklungsphasen** unterschieden, die

Familien im Zuge einer Scheidung durchlaufen (Kaslow u. Schwartz 1987):
- die Vorscheidungs-Phase, während derer die Entscheidung zur Trennung und die emotionale Scheidung erfolgt,
- die eigentlichen Scheidung, die aus finanzieller und rechtlicher Scheidung besteht, und
- die Nachscheidungs-Zeit, die erst die psychische Scheidung beinhaltet.

Dies hebt hervor, dass gravierende Veränderungen der Lebensumstände schon vor der juristischen Scheidung und sogar vor der räumlichen Trennung der Eltern beginnen. Schon in der Vorscheidungsphase sind Kinder oftmals mit belastenden Erfahrungen konfrontiert, die ihre Entwicklungsmöglichkeiten beeinträchtigen und einer Trennung der Eltern erst ihre biographische Bedeutung verleihen (vgl. Schwarz 1999; Walper u. Gerhard 2001b).

Während die Phasenmodelle vorrangig auf generalisierbare Anforderungen und Entwicklungsverläufe abheben, lässt sich individuellen Variationen in der Ausgestaltung dieses Prozesses angemessener im Rahmen der **Scheidungs-Stress-Bewältigungsperspektive** Rechnung tragen (Amato 2000; Schwarz u. Noack 2002; Walper 2002b). Hier richtet sich das Augenmerk darauf, welche Stressoren die Trennung für Eltern und Kinder im Einzelfall mit sich bringt (z.B. Reduktion des Kontaktes zum getrennt lebenden Elternteil, finanzielle Engpässe, Beeinträchtigungen des elterlichen Erziehungsverhaltens) und wie die jeweiligen Stressoren von den betroffenen Eltern und Kindern erlebt und bewältigt werden. Maßgeblich für den Bewältigungsverlauf sind die verfügbaren individuellen, familialen und kontextuellen Ressourcen (z.B. emotionale Stabilität, Selbstwertgefühl, persönliche Präferenz für bestimmte Bewältigungsstrategien, aber auch positive Geschwisterbeziehungen, verfügbare und/oder genutzte soziale Unterstützung, oder rechtliche Rahmenbedingungen und institutionelle Hilfen). Stressoren wie auch Ressourcen variieren von Fall zu Fall und bedingen die unterschiedlichen Entwicklungsverläufe von Scheidungsfamilien wie auch die von einzelnen Kindern innerhalb derselben Familie.

Diese Perspektive lenkt den Blick nicht nur auf Variationen in den Entwicklungsbelastungen von Scheidungskindern, sondern auch auf mögliche Vorteile. Tatsächlich verweisen einige Befunde darauf, dass eine Trennung der Eltern für Kinder auch Entwicklungsgewinne mit sich bringen kann: einerseits, wenn Belastungen aus der Vorscheidungszeit entfallen (z.B. heftige Konflikte zwischen den Eltern [s. Booth u. Amato 2001]), andererseits, wenn durch die konstruktive Auseinandersetzung mit den scheidungsbedingten Anforderungen die Kompetenzentwicklung der Kinder befördert wird – ein Phänomen der Resilienzgewinnung, wie sie vor allem im Kontext unterstützender Beziehungen ermöglicht wird (Hetherington 1989).

Kontext und Konsequenzen einer Scheidung im Spiegel der empirischen Forschung

Methodische Aspekte und generelle Befunde

Angesichts der Vielzahl von Einzelbefunden aus der Scheidungsforschung hat deren Integration und vergleichende Bewertung an Gewicht gewonnen. Mittlerweile liegen einige aussagekräftige Metaanalysen vor, die Aufschluss über die Unterschiede zwischen Scheidungskindern und Kindern aus Kernfamilien liefern. Amato (2001) analysierte 146 Studien aus den 1950er bis 1990er Jahren und schlussfolgerte, dass Scheidungskinder vermehrte Verhaltensauffälligkeiten, Beeinträchtigungen des Selbstwertgefühls und der schulischen Leistungen sowie Belastungen ihrer Sozialbeziehungen aufweisen, wobei sich in der Vergangenheit eine Abschwächung der Effekte abzeichnete, die sich allerdings nicht in den 90er Jahren fortsetzte. Die Effektstärken weisen jedoch insgesamt nur auf moderate Unterschiede hin.

Vor allem die Verfügbarkeit **prospektiver Längsschnittstudien** hat dazu beigetragen, die Einschätzung von Scheidungseffekten zu relativieren. Sie sind im Kontext von Längsschnittstudien entstanden, in deren Verlauf bei Familien, die zu Beginn der Studie noch als Kernfamilien zusammenlebten, eine Trennung der Eltern erfolgte. Solche

Studien erlauben es, mögliche Belastungen von Scheidungskindern schon vor der eigentlichen Trennung der Eltern zu erkunden und einzubeziehen, wenn es abzuschätzen gilt, welche Belastungen die Trennung selbst mit sich bringt. Befunde solcher überwiegend in den USA und Großbritannien durchgeführten prospektiven Längsschnittstudien zeigen, dass tatsächlich schon bis zu 12 Jahre vor der elterlichen Trennung oder Scheidung bei den entsprechenden Kindern Verhaltensauffälligkeiten auftraten (Block et al. 1986). Vor allem bei Jungen aus später geschiedenen Familien fanden sich größere Verhaltensprobleme wie Ängstlichkeit, Schulschwierigkeiten und Gesundheitsprobleme (Cherlin et al. 1991; Jenkins u. Smith 1993; Morrison u. Cherlin 1995). Mädchen hingegen entwickelten Probleme meist erst nach der Scheidung. Im Jugendalter allerdings scheinen auch Probleme von Jungen stärker durch eine Trennung der Eltern provoziert zu werden statt ihr vorauszugehen (Doherty u. Needle 1991). Dies mag darauf hinweisen, dass in jüngerem Alter gerade Jungen anfällig sind für die Belastungen der Familienbeziehungen, die oftmals einer Scheidung der Eltern vorausgehen. Insgesamt bleibt festzuhalten, dass eine Scheidung der Eltern oft schon Jahre zuvor ihre Schatten vorauswirft, die die Kinder mit belasten können (vgl. a. Schwarz 1999).

Konsequenzen für die kindliche Entwicklung

Deutsche Studien sind zwar weitaus seltener sind als US-amerikanische und liefern somit keine vergleichbar solide Befundlage, entsprechen aber der generellen Einschätzung, dass eine Trennung der Eltern mit allenfalls moderaten Nachteilen für die Entwicklung der Kinder einhergeht (Butz u. Boehnke 1999; Fend 1998; Reis u. Meyer-Probst 1999) und dass kein einheitliches Muster von Scheidungsfolgen für Kinder zu finden ist (s. z.B. Schmidt-Denter 2000; Schmidt-Denter u. Beelmann 1997; Walper u. Schwarz 1999a). In der Regel sind problematische Entwicklungen hauptsächlich in den ersten zwei Jahren nach der Trennung der Eltern zu finden. Danach lassen die Verhaltensauffälligkeiten deutlich nach. In der Kölner Längsschnittstudie (Schmidt-Denter 2000) zeigten bei der ersten Untersuchung circa neun Monate nach der elterlichen Trennung immerhin 54% der betroffenen Kinder Auffälligkeiten (im Vergleich zu 20% bei der Normstichprobe). 15 Monate später waren es nur noch 40% und abermals 15 Monate später – also gut drei Jahre nach der Trennung – lediglich 30% der Kinder, die Verhaltensauffälligkeiten in unterschiedlichen Bereichen zeigten, was keine signifikante Abweichung mehr zur Referenzstichprobe darstellt. Auffälligkeiten waren lediglich noch hinsichtlich der Kontaktangst und unangepasstem Sozialverhalten zu verzeichnen. Insgesamt legen die Befunde der Studie nahe, dass es zwar wohl vermehrte Auffälligkeiten in der **ersten Phase** unmittelbar **nach der Trennung** gibt, sich die Kinder auf längere Sicht jedoch überwiegend so weit stabilisieren, dass sie in der Regel keinen langfristigen Schaden nehmen.

Besonders interessanten Aufschluss gibt die Rostocker Längsschnittstudie, die 294 Kinder seit ihrer Geburt im Jahr 1970 begleitet und ihre Entwicklung in mehreren Untersuchungswellen durch Eigen- und Fremdurteile erhoben hat. Der Anteil der Scheidungsfamilien wuchs im Lauf der Jahre auf 25%. Um neben der elterlichen Trennung auch Effekte der Ehequalität untersuchen zu können, wurden in den Analysen drei Gruppen gegenübergestellt: harmonische Kernfamilien, konfliktbelastete Kernfamilien und Scheidungsfamilien. Die folgenden Befunde sind ausführlich nachzulesen bei Reis und Meyer-Probst (1999). Demnach sind hinsichtlich der **sozialen Anpassung** 10-jährige Kinder aus Scheidungsfamilien in der Schule unruhiger, schlechter angepasst, emotional labiler und schwerer erziehbar als Kinder, deren Eltern eine harmonische Beziehung pflegen. Kinder aus Familien mit einer konflikthaften Ehe der Eltern liegen zwischen diesen beiden Gruppen. Allerdings beruhen diese Unterschiede lediglich auf den Urteilen der Lehrer, aus entsprechenden Angaben der Mütter ergeben sich keine Abweichungen zwischen den drei Gruppen. Nach ihren eigenen Angaben im Alter von 25 Jahren sind Scheidungs-"Kinder" im Vergleich zur Gruppe aus harmonischen Ehen weniger verhaltenskontrolliert und haben einen geringeren Selbstwert, besitzen jedoch eine höhere Autonomie. Nur tendenziell bedeutsam ist der Unterschied bezüglich psychopathologischer Auffälligkeiten, wonach Scheidungskinder mit 25 Jahren mehr Symptome laut CIDI-Diagnostik zeigen.

Während sich hinsichtlich der Intelligenz der Kinder und Jugendlichen zu keinem Messzeitpunkt Hinweise auf eine unterschiedliche Entwicklung der Kinder aus Kern- und Scheidungsfamilien finden, ergibt sich bei der **Persönlichkeitsentwicklung** ein anderes Bild. Hier schätzten sich mit 14 Jahren Jugendliche aus harmonischen Ehen als hochsignifikant weniger aggressiv und neurotisch ein als Jugendliche aus den Vergleichsgruppen. Ob die Eltern in einer konflikthaften Ehe leben oder aber geschieden sind, macht an diesem Punkt nur insofern einen Unterschied, als Kinder aus Konfliktehen sich eher als neurotisch, Scheidungskinder hingegen als eher aggressiv einschätzen. Ähnlichen Fragen geht auch eine Studie an der Heidelberger Universität nach, die 241 neun- bis dreizehnjährige Kinder aus Kern- und Trennungsfamilien untersuchte (Schick 2002). Hierbei ergab sich, dass Scheidungskinder erhöhte Werte auf den Skalen „Ängstlichkeit" und „schwankende Leistungen" aufwiesen, unabhängig davon, wie weit die Trennung der Eltern zurücklag. In anderen Bereichen zeigten sich keine vermehrten Belastungen. Eine besondere Rolle bei der Vermittlung kindlicher Auffälligkeiten wurde im Rahmen dieser Studie für die Konflikthaftigkeit der Beziehung zwischen den Eltern aufgezeigt.

Befunde zu Einflüssen scheidungsbedingter Stressoren

Im Folgenden werden Befunde zur Relevanz zentraler Stressoren dargestellt, um deren Bedeutung für die Entwicklung von Kindern und Jugendlichen aus Trennungsfamilien zu illustrieren. Lange Zeit stand der Verlust der häuslichen Gemeinschaft mit dem wegziehenden Elternteil im Vordergrund der Theorien zur Erklärung von Entwicklungsbeeinträchtigungen bei Scheidungskindern. Dies betrifft nicht nur die geringere – oder gar fehlende – Zuwendung und Unterstützung dieses Elternteils für das Kind, sondern auch seine mangelnde Präsenz als Rollenmodell. Die nahe liegende Erwartung, dass Kinder mit sehr häufigem **Kontakt** zu ihrem **getrennt lebenden Elternteil** eine deutlich positivere Entwicklung zeigen, als diejenigen, deren Kontakt merklich reduziert oder gar abgebrochen ist, findet jedoch nur begrenzte Bestätigung in den Befunden empirischer Studien. Neueren Metaanalysen zufolge hat eine höhere Kontakthäufigkeit nur sehr geringe positive Effekte auf die Kinder (Amato 1993). Amato und Gilbreth (1999) konnten immerhin 63 Studien aus den letzten 30 Jahren für ihre Analysen heranziehen. Die gewichteten Effektstärken des Kontaktes zum getrennt lebenden Vater waren zwar statistisch signifikant, jedoch nur sehr schwach. Weitaus wichtiger ist die Qualität der Beziehung, vor allem des väterlichen Erziehungsverhaltens. Autoritatives Erziehungsverhalten, das durch hohe Zuwendung und Unterstützung, aber auch bewusste Orientierung an Regeln und einer entsprechenden Überwachung der Kinder charakterisiert ist, hat einen etwa vier- bis fünfmal so starken positiven Effekt auf die Entwicklung der Kinder als die reine Kontakthäufigkeit zum Vater. Auch scheinen sich eine gute Beziehung zum Vater und dessen regelmäßige Unterhaltszahlungen – sei es als Zeichen seiner aufrechterhaltenen Verpflichtung gegenüber den Kindern oder aufgrund der verbesserten ökonomischen Ressourcen – positiv auf die Entwicklung der Kinder auszuwirken.

Dass der **Qualität** des **elterlichen Erziehungsverhaltens** für die Entwicklung von Scheidungskindern entscheidende Bedeutung zukommt, gilt umso mehr für denjenigen Elternteil, mit dem die Kinder überwiegend zusammenleben. Durch den familialen Umbruch muss der mit den Kindern allein lebende Elternteil den praktischen und erzieherischen Alltag mit den Kindern weitestgehend alleine meistern und neue Lebensperspektiven entwickeln, was sich häufig zumindest in der ersten Phase nach der Trennung negativ auf dessen Befindlichkeit und auch auf die Qualität des Erziehungsverhaltens auswirkt (Schwarz u. Gödde 1999; Simons 1996; vgl. a. Amato 2000; Schwarz u. Noack 2002). In der ersten Zeit nach einer Scheidung neigen allein lebende Elternteile – zumindest vorübergehend – öfter dazu, die Kinder inkonsistent zu erziehen, wobei sie zwischen Nachgiebigkeit und Strenge schwanken, oder sie können den Kindern nicht die vermehrte Zuwendung und

Unterstützung zukommen lassen, die die Kinder gerade in dieser Phase benötigen (Schmidt-Denter 2000; Schmidt-Denter, Beelmann u. Trappen 1995; Walper 1995). Diese Defizite im Erziehungsverhalten erklären einen wesentlichen Anteil der Verhaltensauffälligkeiten von Scheidungskindern.

Hinsichtlich der Robustheit der Eltern-Kind-Beziehung gegenüber scheidungsbedingten Belastungen zeigen sich einige Unterschiede zwischen Müttern und Vätern. So sprechen eine Reihe von Befunden dafür, dass in Scheidungsfamilien die Beziehung zur Mutter, mit der die Kinder in aller Regel zusammenleben, nach den anfänglichen Turbulenzen generell kaum beeinträchtigt ist, während die Beziehung zum Vater deutlich leidet (Zill et al. 1993). Die Beziehung zur Mutter scheint auch weniger davon abhängig zu sein, bei wem die Kinder nach der Trennung wohnen, während die Beziehung zum Vater merklich beeinträchtigt ist, wenn die Kinder nach der Trennung nicht (zumindest teilweise) bei ihm leben (Aquilino 1994). Und schließlich zeigt eine weitere Studie, dass Konflikte zwischen den geschiedenen Eltern vor allem die Beziehung der Kinder zum Vater unterminieren, nicht jedoch die Beziehung zur Mutter (Simons et al. 1994). Insgesamt sprechen die Befunde dafür, dass die **Mutter-Kind-Beziehung** in Scheidungsfamilien deutlich robuster ist als die **Vater-Kind-Beziehung,** vermutlich, weil Väter bei Partnerschaftsproblemen eher zum Rückzug von den Kindern neigen und ihre geringere Involviertheit in die Erziehung der Kinder in der Folgezeit auch die Qualität der Beziehung leiden lässt (Coiro u. Emery 1998).

Dass **Konflikte** zwischen den **Eltern** ein Risikofaktor für die Eltern-Kind-Beziehung sind, aber auch darüber hinaus Belastungen für die Kinder mit sich bringen, zeigt nicht nur die Scheidungsforschung (Amato 1993), sondern auch die Forschung zu den Folgen ehelicher Probleme und Konflikte in Kernfamilien (Cummings u. Davies 1994; Fincham 1998; Niesel 1995). Als besonders belastend für die Kinder haben sich insbesondere solche Konflikte erwiesen, die eine hohe Frequenz und Intensität aufweisen, nicht aufgelöst werden und überdies das Kind betreffen (Grych u. Fincham 1993; Harold et al. 1997). Sie gefährden die emotionale Sicherheit der Kinder, da die Bewältigung der damit verbundenen psychischen Spannungen die Kinder stark beansprucht (Davies u. Cummings 1994; 1998). Überdies unterminieren fortgesetzte Streitigkeiten auch die elterlichen Erziehungskompetenzen und ziehen so die Beziehungen und Interaktionen im Eltern-Kind-Subsystem in Mitleidenschaft (Fauber et al. 1990; Fauber u. Long 1992). Nicht zu unterschätzen ist schließlich die Gefahr, dass Kinder in die Streitigkeiten der Eltern mit einbezogen und von einem oder gar beiden Eltern dazu gedrängt werden, mit ihm/ihr eine Koalition gegen den anderen Elternteil einzugehen. Solche Allianzen und die damit oft einhergehenden Loyalitätskonflikte der Kinder haben sich als Nachteil für deren gesunde psychische Entwicklung erwiesen (Buchanan et al. 1991; Lopez 1991; Walper u. Schwarz 2001). Insofern mag es nicht verwundern, dass Kinder aus konfliktbelasteten Ehen oft ähnliche Entwicklungsbelastungen aufweisen wie Scheidungskinder (Reis u. Meyer-Probst 1999).

Zu den genannten Risikofaktoren für die Entwicklung von Scheidungskindern kommen sehr oft **finanzielle Probleme**, da eine Scheidung mehrheitlich auch mit einer Reduktion der finanziellen Ressourcen verknüpft ist. Allein erziehende Mütter sind in verstärktem Maße von Armut bedroht (Klocke u. Hurrelmann 1998), was eine Einschränkung der Freizeit- und Bildungsmöglichkeiten bedeutet, sich aber auch negativ auf die Eltern-Kind-Beziehung auswirken kann (Napp-Peters 1995; Walper et al. 2001a). Entsprechend bergen ökonomische Probleme Risiken für die Entwicklung der Kinder und können deren Selbstbild, Sozialbeziehungen, schulische Leistungen und intellektuelle Kompetenzen belasten sowie zu Problemverhalten beitragen (Brooks-Gunn et al. 1997; Walper 1999). Wenngleich die Befundlage nicht einheitlich ist, legen doch umfangreiche amerikanische Daten nahe, dass Nachteile von Scheidungskindern – wie beispielsweise vorzeitig die Schule zu verlassen, im Teenageralter ein Kind zu bekommen oder als junger Mann arbeitslos zu sein – etwa zur Hälfte auf die finanziellen Probleme zurückzuführen sind, die Familien allein Erziehender häufiger treffen (McLanahan 1999). In der Regel sind die Effekte ökonomischer Belastungen jedoch indirekt und werden weitgehend über resultierende Belastungen der Familiendynamik vermittelt.

Schließlich ist hervorzuheben, dass einer Trennung der Eltern nicht selten weitere familiäre Übergänge folgen, die oft für Kinder nicht minder einschneidend sind. Geht der mit ihnen lebende Elternteil eine Beziehung mit einem neuen Partner ein und gründet mit ihm/ihr einen gemeinsamen Hausstand, so entstehen neuerliche Herausforderungen an die Umgestaltung familialer Rollen und Beziehungen. Welche Konsequenzen das Leben in einer Stieffamilie für die Entwicklung der Kinder hat, wird durchaus kontrovers diskutiert (Booth u. Dunn 1994). Positiv hervorgehoben wird, dass in **Stieffamilien** beide Rollenmodelle verfügbar sind, die Kinder eine Partnerschaft erleben und dass der vormals allein erziehende Elternteil eine Entlastung in der Bewältigung der familiären Anforderungen erfährt. Als negativ wird herausgestellt, dass die Kinder durch den Übergang in eine andere Familienkonstellation erneute Anpassungsleistungen zu erbringen hätten. Zudem haben sich Stieffamilien als weniger stabil erwiesen, was bei einer Trennung der Partner einen weiteren Verlust für die Kinder bedeutet. Wiederholte Trennungen beziehungsweise Scheidungen scheinen Kinder in besonderem Maße zu belasten (Peterson u. Zill 1986). Insgesamt lassen sich für Stieffamilien weder nennenswerte Vorteile noch zusätzliche Belastungen gegenüber Familien mit allein erziehendem Elternteil ausmachen (Amato 1994).

Entwicklung von Kindern und Jugendlichen nach einer elterlichen Trennung: ausgewählte Befunde aus dem Projekt „Familienentwicklung nach der Trennung"

Zielsetzung und Methode der Untersuchung

Da viele der zitierten Erkenntnisse über Scheidungs- beziehungsweise Trennungsfamilien aus anderen Ländern, insbesondere den USA, stammen, wurde 1994 mit finanzieller Unterstützung der Deutschen Forschungsgemeinschaft das Projekt „Familienentwicklung nach Trennung der Eltern als Sozialisationskontext für Kinder und Jugendliche: Entwicklungschancen und -risiken im Vergleich alter und neuer Bundesländer" initiiert. Im Jahr 1996 wurden die Erhebungen bei insgesamt 743 Kindern und Jugendlichen im Alter von zehn bis 19 Jahren begonnen (s. Walper et al. 2001b). Die Stichprobe setzte sich zu vergleichbaren Anteilen aus Kernfamilien (n=291), Familien mit allein erziehender Mutter (n=249) und Stiefvaterfamilien (n=203) zusammen. Neben den Kernfamilien waren nur Trennungsfamilien einbezogen, das heißt beide leiblichen Eltern lebten zu Beginn der Studie noch, waren jedoch getrennt lebend oder geschieden. In einem kleineren (quotierten) Teil der Mutter- und Stiefvaterfamilien waren beide leibliche Eltern vor der Trennung nicht verheiratet. Die Stieffamilien wurden anhand der Haushaltszugehörigkeit des neuen Partners der Mutter bestimmt, wobei die Verheiratung kein Kriterium war. Zusätzlich wurde eine kleinere Gruppe von Kernfamilien mit konfliktbelasteter Partnerschaft der Eltern einbezogen, um die Rolle von Partnerschaftsproblemen in Kernfamilien sowie deren Konsequenzen für die Entwicklung der Kinder und Jugendlichen untersuchen zu können.

Die Erhebungen wurden nach Ablauf eines Jahres in beiden Landesteilen wiederholt und konnten nach einem weiteren Jahr in Westdeutschland nochmals durchgeführt werden. Zur Diagnostik der Persönlichkeits- und Sozialentwicklung sowie der Befindlichkeit der Kinder und Jugendlichen wurden eine Reihe gut etablierter Indikatoren herangezogen (z.B. Selbstwertgefühl, Depressivität, somatische Beschwerden, Schulnoten und Selbsteinschätzung schulischer Kompetenzen), zum Teil wurden auch neue Indikatoren entwickelt (z.B. zur Ablehnung durch Gleichaltrige und zur Integration in die Peer-Group [s. Walper 2002a]). Im Folgenden werden zunächst Befunde zur Entwicklung der Beziehung der Kinder und Jugendlichen zu ihren Eltern referiert. Anschließend wird darauf eingegangen, welche Einflüsse sich auf die Befindlichkeit der Kinder und Jugendlichen ergeben. Dabei werden die Rolle von Konflikten zwischen den leiblichen Eltern und Auswirkungen mangelnden Kontaktes zum getrennt lebenden Vater aufgezeigt.

Beziehung der Kinder und Jugendlichen zu ihren Eltern nach deren Trennung

Eine zentrale Entwicklungsaufgabe im Jugendalter stellt die Gewinnung von Autonomie und Individualität in der Beziehung zu den Eltern dar. Eine gelungene Individuation ist gekennzeichnet durch die Gewinnung von Autonomie bei gleichzeitiger Aufrechterhaltung von Nähe und Verbundenheit gegenüber den Eltern (Blos 1967). Erhoben wurde die Individuationsentwicklung der Jugendlichen durch den Münchener Individuationstest zur Adoleszenz (MITA). Er umfasst insgesamt sechs Skalen zu Aspekten der Individuation und der Verbundenheit mit den Eltern sowie zu Unsicherheiten und Ambivalenzen in der Beziehung.

Hinsichtlich der **Individuation** in Beziehung zur Mutter finden sich keine Effekte der Familienkonstellation (Walper 1998; Walper u. Gerhard 1999). In Übereinstimmung mit amerikanischen Studien ergeben sich allerdings bezüglich der Vater-Kind-Beziehung Unterschiede zwischen Trennungsfamilien und Kernfamilien: Das Anlehnungsbedürfnis der Jugendlichen an den Vater und ihre Angst vor dem Verlust väterlicher Zuwendung ist in Trennungsfamilien geringer (nur erfasst für Kinder und Jugendliche mit Kontakt zum Vater). Stärkere Ambivalenzen und Unsicherheiten in Beziehung zum getrennt lebenden Vater wurden jedoch nicht berichtet und die Kinder und Jugendlichen leugneten auch nicht stärker ihre Bindungsbedürfnisse gegenüber dem Vater. Insgesamt lässt sich dies als adaptiv distanzierte Haltung deuten, in der das Bedürfnis nach ständiger Präsenz und Nähe des Vaters zurückgenommen wird, so dass Verlustängste auch geringer ausgeprägt sind. Allerdings ist die Kontakthäufigkeit ausschlaggebend: Kinder und Jugendliche, die weniger als einmal monatlich Kontakt zum Vater haben, geben eine deutlich distanziertere Einstellung zum Vater an (mit erhöhter Zurückweisung von Bindungsbedürfnissen) und berichten auch mehr Unsicherheiten in der Beziehung zum Vater als jene mit häufigerem Kontakt.

Weiterführende Analysen unterstreichen die Rolle des elterlichen Erziehungsverhaltens, aber auch der Beziehung zwischen den (Ex-)Partnern für die Individuationsentwicklung (Walper u. Schwarz 2001). Die Auswertungen, die sich nur auf Kern- und jene Trennungsfamilien beziehen, in denen noch Kontakt zum Vater besteht, zeigen, dass Konflikte zwischen den Eltern – unabhängig von der Familienform – mit vermehrten Bemühungen der Mütter einhergehen, die Kinder in eine Allianz gegen den Vater einzubinden. Zudem befördern sie Loyalitätskonflikte der Kinder. Weiterhin legen die Befunde nahe, dass **elterliche Konflikte** das Erziehungsverhalten der Mütter unterminieren, indem sie zu weniger unterstützendem und stärker restriktivem Verhalten beitragen. Und schließlich wird in diesen Analysen ersichtlich, dass sowohl der Koalitionsdruck der Mütter als auch ihr beeinträchtigtes Erziehungsverhalten die Individuationsentwicklung der Kinder und Jugendlichen behindert. Konflikte der Eltern wirken demnach im Wesentlichen indirekt. Bemerkenswert ist, dass sich der Koalitionsdruck der Mütter gegen sie selbst wendet, denn Belastungen der Individuation, wie sie im MITA erfasst werden, indizieren auch eine geringere Verbundenheit mit der Mutter.

Auch andere Analysen unserer Daten unterstreichen, dass sich Belastungen der elterlichen Ehebeziehung in Kernfamilien nachteilig in der Eltern-Kind-Beziehung niederschlagen (Walper 1998; Walper u. Gerhard 1999). Während sich in Trennungsfamilien – verglichen mit einer Zufallsstichprobe von Kernfamilien – keine generellen Belastungen der Mutter-Kind-Beziehung ausmachen lassen, findet sich in Kernfamilien mit konfliktbelasteter Ehebeziehung der Eltern eine deutlich geringere Verbundenheit der Kinder und Jugendlichen mit der Mutter. Die Beziehung zum Vater scheint noch umfassender von Konflikten zwischen den Eltern tangiert zu werden. In den Konfliktfamilien sind neben einer geringeren Verbundenheit mit dem Vater auch vermehrte Ambivalenzen und eine größere Angst vor Vereinnahmung durch den Vater zu beobachten.

Befindlichkeit der Kinder und Jugendlichen nach der Trennung der Eltern

Vergleicht man die befragten Kinder und Jugendliche aus Tennungsfamilien mit Gleichaltrigen aus Kernfamilien, so zeigen sich keine Unterschiede hinsichtlich ihrer Befundlichkeit, Sozialentwicklung und ihrer berichteten schulischen Kompetenzen

(Walper, 2002a). Angesichts der im Durchschnitt fast neun Jahre zurückliegenden Trennung der Eltern überrascht dieser Befund nicht. Um nun zu erkunden, wie Kinder und Jugendliche den Verlust des Kontaktes zum getrennt lebenden Vater bewältigen, haben wir Kinder und Jugendliche aus Kernfamilien hinsichtlich verschiedener Indikatoren zur Befindlichkeit mit solchen verglichen, deren Kontakt zum getrennt lebenden Vater abgebrochen ist. Weitgehend ähnlich wie in den zuvor berichteten amerikanischen Studien zeigen sich diesbezüglich jedoch keine Nachteile der Trennungs-"Waisen" (Walper u. Gerhard 2001a). Interessante Unterschiede ergeben sich hingegen, wenn man die Qualität der Elternbeziehung in die Analysen mit einbezieht. Die Unterscheidung in konfliktarme und konflikthafte Elternbeziehungen wurde anhand der Angaben getroffen, die die Jugendlichen zur Beziehung zwischen ihren Eltern gemacht hatten. Gegenübergestellt werden folglich insgesamt fünf Gruppen: Kernfamilien und Trennungsfamilien jeweils mit harmonischer und konfliktbelasteter Elternbeziehung und bei den Trennungsfamilien zusätzlich die Gruppe mit abgebrochenem Kontakt zum Vater.

Abbildung 1 illustriert die Befunde von Analysen, die zu **somatischen Beschwerden** der Kinder und Jugendlichen unternommen wurden. Zur Erhebung der somatischen Beschwerden waren die Kinder und Jugendlichen zu körperlichen Symptomen wie Kopfschmerzen oder Übelkeit befragt worden, die bei ihnen innerhalb der letzten zwei Monate aufgetreten waren. Aus der Abbildung wird ersichtlich, dass die Jugendlichen aus Kernfamilien, deren Eltern eine konfliktbelastete Beziehung haben, am stärksten in ihrer Befindlichkeit beeinträchtigt sind. Ihre somatischen Beschwerden übertreffen hoch signifikant jene der Jugendlichen aus konfliktarmen Kern- und Trennungsfamilien sowie die der Jugendlichen ohne Kontakt zum Vater. Kinder und Jugendliche aus Trennungsfamilien mit häufigen Konflikten zwischen den Eltern zeigen im Vergleich zu den anderen Gruppen keine bedeutsam erhöhten körperlichen Beeinträchtigungen. Vermutlich ist hier ausschlaggebend, dass diese Kinder und Jugendlichen den fortgesetzten Streitigkeiten ihrer Eltern aufgrund der Trennung nicht tagtäglich ausgesetzt sind. Dieser Befund ist exemplarisch für das Bild, das sich auch in anderen Bereichen der Befindlichkeit abzeichnet. Die Depressivität der Kinder und Jugendlichen ist beispielsweise in Familien mit konfliktbelasteter Beziehung zwischen den Eltern überdurchschnittlich hoch, wobei sich Kinder aus Kern- und Trennungsfamilien nicht signifikant unterscheiden. Demgegenüber ist die Depressivität in Familien, in denen die Eltern eine harmonische Beziehung haben oder aber der Kontakt zum Vater abge-

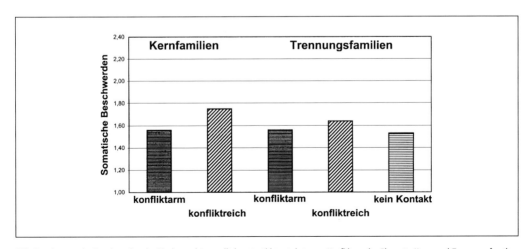

Abb. 1 Somatische Beschwerden der Kinder und Jugendlichen in Abhängigkeit von Konflikten der Eltern in Kern- und Trennungsfamilien sowie Kontaktabbruch zum Vater in Trennungsfamilien

brochen ist, signifikant niedriger (Walper, in Druck).

Wenngleich Konflikte der Eltern insgesamt einen negativen Effekt auf die betroffenen Kinder und Jugendlichen haben, so mag dies doch nicht in allen Fällen gelten. Es liegt nahe, dass ein verminderter Kontakt zum Vater dazu beiträgt, die Kinder aus der „Schusslinie" zu halten und sie vor nachteiligen Auswirkungen zu schützen. Umgekehrt könnten häufige Kontakte bei einer stark belasteten Beziehung zwischen den Eltern dazu führen, dass das positive Potenzial dieser Kontakte nicht zum Tragen kommen kann. Amato und Rezak (1994) haben darauf aufmerksam gemacht, dass Konflikte zwischen den Eltern in Scheidungsfamilien den positiven Effekt häufiger Kontakte zum getrennt lebenden Elternteil unterminieren. Wir sind dem auch in unseren Daten nachgegangen, haben allerdings statt der offenen Konflikte den **Koalitionsdruck der Eltern** betrachtet, also die impliziten Botschaften der Eltern, die in abwertenden Äußerungen über den anderen Elternteil bestehen und die Kindern verstehen lassen, dass ihre Zuneigung zum anderen Elternteil auf Ablehnung stößt. Erhoben wurde dieser Koalitionsdruck durch Aussagen wie: „Meine Mutter versucht, mich gegen meinen Vater auf ihre Seite zu ziehen", oder: „Mein Vater möchte, dass ich ihn mehr lieb habe als meine Mutter." Angaben zu diesen Items wurden nach dem Ausmaß der Zustimmung dichotomisiert. Auch die Kontakthäufigkeit zum getrennt lebenden Vater wurde unterteilt in häufige Kontakte (mindestens monatlich) und seltene Kontakte (allenfalls mehrmals jährlich, jedoch nicht monatlich). Durch Kombination beider Indikatoren ergeben sich vier Vergleichsgruppen. Abbildung 2 zeigt die Befundlage hinsichtlich der somatischen Beschwerden der Kinder und Jugendlichen. Tatsächlich divergieren die Effekte häufiger Kontakte zum Vater, je nachdem, wie viel Koalitionsdruck beide Eltern auf die Kinder und Jugendlichen ausüben. Bei geringem Kontakt ist der Koalitionsdruck unbedeutend für die körperliche Befindlichkeit der Kinder und Jugendlichen. Demgegenüber führt das Ausmaß an Koalitionsdruck bei häufigem Kontakt zu massiven Abweichungen. Ist bei häufigem Kontakt nur geringer Koalitionsdruck vorhanden, so erleben die Kinder und Jugendlichen deutlich weniger körperliche Beschwerden, profitieren also vom Kontakt zum Vater. Ist der Koalitionsdruck hingegen sehr stark, wachsen die Beschwerden an. Ein häufiger Kontakt zum Vater wäre unter diesen Vorzeichen also eher als zusätzliche Belastung zu werten. Bei der Depressivität zeichnet sich ein ähnliches Bild (Walper, in Druck). Kinder profitieren von häufigen Kontakten, sofern kein Koalitionsdruck aufgebaut wird.

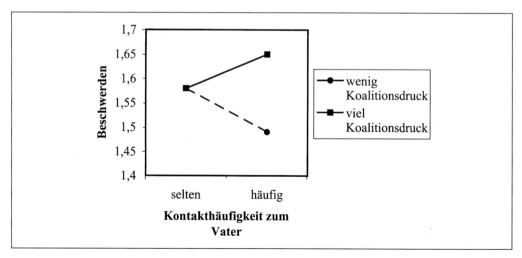

Abb. 2 Somatische Beschwerden der Kinder und Jugendlichen in Abhängigkeit von Kontakthäufigkeit zum Vater und Koalitionsdruck beider Eltern

Hingegen ist die Depressivität der Kinder bei häufigen Kontakten zum Vater erhöht, wenn der Koalitionsdruck der Eltern stark ist.

Fazit

Sowohl der Überblick über Erkenntnisse aus anderen Untersuchungen als auch die zuletzt berichteten Befunde unserer eigenen Studie unterstreichen, dass pauschalisierende Aussagen über Scheidungskinder unangemessen sind. Es mag zunächst überraschen, dass in der Studie „Familienentwicklung nach der Trennung" keine generellen Nachteile im Vergleich zu Kernfamilien beobachtbar sind. Allerdings beziehen sich unsere Daten auf überwiegend langfristige Trennungseffekte, da die Trennung der Eltern – mit beträchtlichen Variationen – im Durchschnitt 8,7 Jahre zurück lag. Auch wenn kurzfristig nach einer Trennung mit Belastungen der Kinder zu rechnen ist, so scheint es den Familien doch überwiegend zu gelingen, einen förderlichen Entwicklungskontext für die Kinder zu sichern.

Besonders brisant dürfte der Befund sein, dass ein konfliktbelastetes Milieu in Kernfamilien keineswegs einen günstigeren Entwicklungskontext darstellt als das Aufwachsen in einer Trennungsfamilie. Im Gegenteil finden wir mehrfache Hinweise darauf, dass Jugendliche aus **konfliktbelasteten Ehen** sogar stärkeren Belastungen ausgesetzt sind als das Gros ihrer Gleichaltrigen aus Trennungsfamilien, jedenfalls wenn man ihre eigenen Auskünfte zur Qualität der elterlichen Beziehung heranzieht. Dies schließt nicht aus, dass in manchen Fällen die Kinder trotz ehelicher Probleme der Eltern weitgehend unbelastet bleiben, und sei es nur dadurch, dass es den Eltern gelingt, ihre Auseinandersetzungen nicht im Beisein der Kinder auszufechten. Zudem kommen auch hier individuelle und kontextuelle Ressourcen zum Tragen, die es den Kindern erleichtern mögen, die Konflikte zwischen den Eltern ohne nennenswerte Belastungen ihrer Befindlichkeit hinzunehmen. Eine sichere Bindung zu einem Elternteil und geringe Erziehungsprobleme scheinen solche Ressourcen zu sein (Davies et al. 2002). Dennoch ist fraglich, ob Eltern, die sich „zum Wohl der Kinder" gegen eine Trennung entscheiden, obwohl ihre Partnerbeziehung stark belastet ist, wirklich zum Besten ihrer Kinder handeln. Andere Studien wie die Rostocker Längsschnittuntersuchung legen zumindest nahe, dass die Belastungen von Scheidungskindern nicht größer sind als diejenigen von Kindern aus disharmonischen Ehen (Reis u. Meyer-Probst 1999). Hieraus ist sicherlich nicht die Aufforderung abzuleiten, sich auch bei leichteren Problemen zu trennen. Diese Befunde legen aber nahe, sich nicht nur um eine äußere Stabilität der Partnerschaft zu bemühen, sondern vorrangig – gegebenenfalls mit professioneller Hilfe – zu versuchen, die Qualität der Beziehung zu verbessern, nicht zuletzt zum Wohle der Kinder.

Nicht minder brisant dürfte das Ergebnis sein, dass **mangelnde Kontakte** zum **getrennt lebenden Vater** nicht generell mit Belastungen seitens der Kinder verbunden sind, zumindest wenn man die Selbstauskünfte der Kinder und Jugendlichen zu ihrer Befindlichkeit und Sozialentwicklung betrachtet. Vielfach wird noch davon ausgegangen, dass der fehlende Zugang zu einem Elternteil zu deutlichen Nachteilen und psychischen Belastungen der betroffenen Kinder führt. Im Erleben der Kinder kann dies durchaus schmerzlich erfahren werden, doch scheint dies keineswegs zwangsläufig ihr Selbstwertgefühl, ihre schulische Leistungsfähigkeit oder ihre psychische und körperliche Gesundheit zu beeinträchtigen. Gerade hier hat sich eine differenzielle Sichtweise bewährt, die das Zusammenspiel mit anderen Faktoren, nämlich der Beziehung zwischen den Eltern, in Rechnung stellt. Erst dann wird ersichtlich, welche Vorteile aber auch Belastungen die Kontakte bergen können. Unsere Daten legen nahe, dass ein verminderter Kontakt gerade in jenen Familien als hilfreicher Ausweg dienen mag, in denen die Eltern ihre Feindseligkeiten noch nicht überwunden haben und die Kinder hierbei instrumentalisieren, indem sie sie in eine Allianz gegen den anderen einbinden wollen.

Auch hier sollte der nahe liegende Schluss jedoch nicht sein, bei entsprechenden Zwistigkeiten zwischen den Eltern zum Abbruch der Kontakte zu raten. Zunächst gilt es, die Eltern dafür zu sensibilisieren, dass sie ihre Kinder durch negative

Reaktionen auf deren Zuneigung zum anderen Elternteil wie auch durch eine Abwertung des Ex-Partners in eine Loyalitätsfalle treiben und so die Mitverantwortung für resultierende Belastungen der Kinder tragen. Vor allem jedoch sind Beratungsangebote nötig, die es den Eltern ermöglichen, zu einem fairen Umgang miteinander zu finden und so den Kindern den unbelasteten Kontakt zu beiden Eltern zu ermöglichen. Auch wenn dies nicht in allen Fällen möglich sein wird, gilt es, die elterlichen Kompetenzen nicht nur im Umgang mit dem Kind, sondern auch im Umgang mit dem Ex-Partner zu stärken, um langfristig das Kindeswohl zu sichern.

Nicht selten wird es jedoch gerade in hoch belasteten Familien der direktere Weg sein, die Kinder selbst zu adressieren und ihre persönlichen Ressourcen für die Bewältigung der Belastungen im Zuge einer elterlichen Trennung zu fördern. Entsprechende Programme, wie sie beispielsweise in den USA an Schulen angeboten werden, haben sich durchaus bewährt (Emery et al. 1999). Gerade in Gruppen mit „Leidensgenossen" können Kinder erfahren, dass sie ihr Schicksal mit anderen teilen, können davor geschützt werden, durch unrealistische Hoffnungen auf eine Versöhnung der Eltern, aber auch durch unrealistische Einschätzungen des eigenen Anteils an den elterlichen Problemen belastet zu werden, und können sich im Schutzraum kompetenter Erzieher oder Therapeuten mit ihren eigenen Gefühlen auseinandersetzen. Solche Entlastungen der Kinder dürften dann wiederum den Eltern zugute kommen, die damit eine bessere Basis für die Meisterung der vielfältigen Anforderungen – nicht zuletzt in der Erziehung der Kinder – haben.

Literatur im Internet unter www.Schattauer.de

LEITLINIEN PSYCHOSOMATISCHE MEDIZIN UND PSYCHOTHERAPIE Reihenherausgeber: G. Rudolf, W. Eich

Im Auftrag der Konferenz der leitenden Fachvertreter für Psychosomatische Medizin und Psychotherapie in Abstimmung mit den AWMF-Fachgesellschaften AÄGP, DGPM, DGPT und DKPM

Durch das Zusammenwirken wichtiger deutscher Experten auf dem Feld der Familien- und systemischen Therapie entstanden die wissenschaftlich fundierten Leitlinien für die therapeutische Arbeit mit Paaren und Familien.

Diese „Leitlinien zur Paar- und Familientherapie" sind empirisch begründet. Sie bieten einen guten und schnellen Überblick über die bewährten Standardmethoden sowie über den derzeitigen Stand der Kenntnisse auf dem Gebiet der Paar- und Familientherapie:

- Wann ist die Behandlung eines Paares oder einer gesamten Familie indiziert?
- Was ist in Einzelfällen notwendig?
- Was muss stationär bzw. ambulant behandelt werden?

In der Klinik arbeitende Ärzte und Psychologen, Psychotherapeuten, helfende Berufe im Bereich Ehe, Lebens- und Erziehungsberatung, Sozialpädagogen, Allgemeinärzte finden hier eine klare Orientierung.

Scheib/Wirsching
Paar- und Familientherapie
2003. Ca. 56 Seiten,
3 Abbildungen, kart.
Ca. € 14,95/CHF 23,90
ISBN 3-7945-2301-6

www.schattauer.de

Iris Tatjana Calliess und Wielant Machleidt

Transkulturelle Aspekte bei Persönlichkeitsstörungen

Schlüsselwörter
Transkulturell, Kultur vergleichend, Persönlichkeit, Persönlichkeitsstörungen, Migration, Trauma, Identität, Differenzialdiagnose

Keywords
Transcultural, cross-cultural, personality, personality disorders, migration, trauma, identity, differential diagnosis

Zusammenfassung
Die diagnostische Einschätzung von Persönlichkeitsstörungen hängt in entscheidendem Maße davon ab, wie eine Gesellschaft ein bestimmtes Verhalten bewertet. Wesentliche Aspekte kultureller Dimensionen bei Persönlichkeitsstörungen sind Selbstbild und Selbstkonzept, Anpassung und sozialer Kontext. Im Zuge der Globalisierung und fortschreitenden Öffnung unserer Gesellschaft sehen wir uns in unserem klinischen Alltag in zunehmendem Maße mit der Aufgabe konfrontiert, das Funktionsniveau einer Persönlichkeit bei Menschen aus fremden Kulturkreisen und bei traumatisierten Migranten beurteilen und differenzialdiagnostische Abwägungen vornehmen zu müssen. Die vielfältigen sozialen und kulturellen Einflussfaktoren auf allen Ebenen des diagnostischen und therapeutischen Prozesses erfordern neben einem fundierten Wissen über trauma-, migrations- und kulturspezifische Zusammenhänge in erster Linie eine hohe Kultursensivität und Kulturkompetenz.

Summary
The diagnosis of personality disorders is highly dependent on how a society views certain behaviour. Self concept, adaptation and social context are important aspects to the cultural dimensions of personality disorders. Due to globalization and migration processes clinicians and therapists are increasingly asked to evaluate and differentiate the level of personality functioning not only in patients from different cultures and ethnic groups but also in traumatized refugees and migrants. Multiple social and cultural factors have influence on each level of the diagnostic and therapeutic process. Apart from a high back ground knowledge concerning trauma, migration and culture specific issues, such skills as cultural sensitivity and cultural competence are requirements for clinicians and therapists.

Transcultural aspects of personality disorders

Persönlichkeitsstörungen 2003; 7: 117–33

Reiz und Risiken der Beschäftigung mit Persönlichkeitsstörungen unter transkulturellen Gesichtspunkten liegen in der Komplexität der Materie: In ätiologischer und pathogenetischer Hinsicht sind Persönlichkeitsstörungen nicht nur durch eine vielschichtige und wechselseitige Beeinflussung von biologischen Dispositionen und genetischen Determinanten, Lernvorgängen und biografisch gewachsenen Haltungen bedingt, sondern auch durch den Einfluss sozialer und kultureller Faktoren gekennzeichnet. Kulturelle Momente können dabei einerseits die Symptombildung beeinflussen, andererseits auch unmittelbar als pathogene Faktoren wirken. Welche Bedeutung dem Einfluss des kulturellen Kontextes zukommt, wird ganz unterschiedlich bewertet und führt dementsprechend zu sehr verschiedenen konzeptionellen, nosologischen und diagnostischen Einordnungen von Persönlichkeitsverfassungen und -störungen unter transkulturellen Gesichtspunkten.

Im DSM-III (APA 1980) wurde mit Einführung der Achse II erstmals die Möglichkeit geschaffen, die Persönlichkeit gesondert zu kodieren. Dies verlieh der Forschungs- und Publikationstätigkeit auf dem Gebiet der Persönlichkeitsstörungen weltweit Aufwind, so dass es heute eine Vielzahl theoretischer Konzeptionen und therapeutischer Ansätze gibt. Dies gilt allerdings nicht in gleicher

---

Dr. Iris Tatjana Calliess, Abteilung Sozialpsychiatrie und Psychotherapie, Medizinische Hochschule Hannover, Carl-Neuberg-Strasse 1, 30625 Hannover

Weise für transkulturelle Aspekte bei Persönlichkeitsstörungen. Persönlichkeitsstörungen sind zwar für die meisten Kulturen der Welt nachgewiesen. Aufgrund der konzeptionellen Heterogenität bezüglich des soziokulturellen Kontextes und der hohen Abhängigkeit von soziokulturellen Einflussfaktoren im Hinblick auf Phänomenologie und Prävalenz existieren jedoch kaum **wissenschaftlich gesicherte Daten** im **Kulturvergleich** (Tseng 2001). Die diagnostische Einschätzung von Persönlichkeitsstörungen hängt in entscheidendem Maße davon ab, wie eine Gesellschaft ein bestimmtes Verhalten bewertet. Hier eröffnet sich naturgemäß ein großer Spielraum für transkulturelle Unterschiede und Fehleinschätzungen im diagnostischen Prozess, Letzteres sowohl im Hinblick auf Unter- als auch auf Überbewertung kultureller Einflussfaktoren. Besondere differenzialdiagnostische Probleme kann die Beurteilung des Funktionsniveaus einer Persönlichkeit bei Migranten bereiten, da zum einen Interviewer und Migrant in der Regel zwei verschiedenen Kulturen angehören, zum anderen dem Migrationsprozess selbst eine erhöhte Vulnerabilität und potenzielle Pathogenität, wenn nicht gar mögliche Traumatisierung innewohnt. Ausgesprochen erschwert werden kann die diagnostische Einschätzung der Dysfunktionalität einer Persönlichkeit bei traumatisierten Flüchtlingen, wo Komorbiditäten mit und Abgrenzungen von etwaigen Posttraumatischen Belastungsstörungen eine Rolle spielen. Im Zuge der Globalisierung und fortschreitenden Öffnung unserer Gesellschaft haben Migranten zunehmend Einzug in psychiatrisch-psychotherapeutische Versorgungssysteme gehalten, wodurch wir in unserem klinischen Alltag mit diesen neuen und uns zum Teil sehr fremden Problemen konfrontiert sind (Machleidt 2001; 2002). Im DSM-IV (APA 1994) finden erstmals kulturelle Faktoren in einem Klassifikationssystem Berücksichtigung. Hiermit sollen die Sensibilität für kulturabhängige Variationen im Ausdruck psychischer Störungen erhöht und mögliche Auswirkungen einer kulturell bedingten Fehleinschätzung im diagnostischen Prozess reduziert werden.

Persönlichkeit, Kultur und Gesellschaft
Begriffsbestimmung

Kultur und Ethnie sind Schlüsselbegriffe der transkulturellen Psychiatrie. Der Begriff der Kultur beinhaltet – neben der Sprache – die Glaubenseinstellungen, Werte, Verhaltensnormen und Wissensbestände, die die Mitglieder einer sozialen Gemeinschaft miteinander teilen (Minas 2001). Ethnizität ist ein unscharfer Begriff. Unter Ethnien (griech.: ethnos) versteht man soziale Gemeinschaften wie Stämme, Gruppen, Nationen oder Völker, deren Angehörige aufgrund gemeinsamer Vorfahren, eines gemeinsamen kulturellen Erbes (Sprache, Religion, Sitten) und einer gemeinsamen nationalen und/oder politischen Identität ein hohes Zusammengehörigkeitsgefühl haben (Fernando 1991). Die kulturelle Zugehörigkeit eines Menschen ist veränderbar, die ethnische Zugehörigkeit hingegen nur bedingt. Aufgrund der Ethnozentrizität menschlichen Erlebens ist das Verständnis von seelischer Gesundheit und psychischen Erkrankungen kulturgebunden. Psychiater und Psychotherapeuten sind die jeweils kulturtypischen Vertreter ihres Faches und können Menschen aus dem eigenen Kulturkreis und mit derselben Ethnizität fraglos am besten einschätzen (Machleidt u. Calliess 2003).

Persönlichkeit und Kultur sind zwei dynamisch voneinander abhängige Systeme, deren wechselseitiges Verhältnis von verschiedenen Wissenschaftsdisziplinen, insbesondere Psychiatrie, klinischer Psychologie und Anthropologie sehr unterschiedlich interpretiert wird, was sich nicht zuletzt auch auf die Konzeptualisierung des Begriffs der Persönlichkeit auswirkt. In der Anthropologie ist der Begriff der Persönlichkeit weniger am Individuum als an den Verhaltensmustern einer Ethnie oder sozialen Gemeinschaft orientiert. Das Kerninteresse gilt der Frage, welchen Anteil Kultur an der Entwicklung der menschlichen Natur und Persönlichkeit als solcher hat. Entsprechend gehen die Bemühungen der Anthropologie in erster Linie dahin, einzigartige, charakteristische und unverwechselbare Verhaltensweisen einer ethnischen Gruppe zu definieren (Tapp 1981). Im Gegensatz hierzu geht die Konzeption des Begriffes der Persönlichkeit in der **Psychiatrie** ganz von der Perspektive des Individuums aus. Heutige Verstehensansätze basieren zum einen auf der psychiatrischen Psychopathologie als traditions- und einflussreichstem Vorläufer (E. Kraepelin, E. Kretschmer, K. Schneider), zum anderen auf den tiefenpsychologischen Verstehensansätzen der Psychoanalyse (S. Freud, K. Abraham, F. Alexander, W. Reich, H. Hartmann, P. Kohut, M. Mahler, O. Kernberg) (Übersicht bei Fiedler 1998). Saß (2000, S. 277) definiert Persönlichkeit im psychiatrisch-psychotherapeutischen Sprachgebrauch „als die Summe aller psychischen Eigenschaften und Verhaltensbereitschaften, die dem Einzelnen seine eigentümliche, unverwechselbare Individualität verleihen, enthalten in Aspekten des Wahrnehmens, Denkens, Fühlens, Wollens und der Beziehungsgestaltung".

In der **klinischen Psychologie** dominieren die biopsychosozialen Lerntheorien, die dimensionale Persönlichkeitsdiagnostik und die interpersonellen beziehungsweise soziodynamischen Ansätze, die den interaktionellen Einfluss und den der sozialen Umgebung in der Persönlichkeitsentwicklung stärker betonen. Entsprechend sind für Fiedler (1998) Persönlichkeit und Persönlichkeitseigenschaften eines Menschen „Ausdruck der für ihn charakteristischen Verhaltensweisen und Interaktionsmuster, mit denen er gesellschaftlich-kulturellen Anforderungen und Erwartungen zu entsprechen und seine zwischenmenschlichen Beziehungen auf der Suche nach einer persönlichen Identität mit Sinn zu füllen versucht. Dabei sind jene spezifischen Eigenarten, die eine Person unverkennbar typisieren und die sie zugleich von anderen unterscheiden, wegen ihrer individuellen Besonderheiten immer zugleich von sozialen Regeln und Erwartungen mehr oder weniger abweichende Handlungsmuster. Gewöhnlich werden person-typisierende Abweichungen innerhalb der Vielfalt gesellschaftlich-kultureller Ausdrucks- und Umgangsformen toleriert..." (Fiedler 1998, S. 3).

Zum Verhältnis von Kultur und Persönlichkeit

Die wissenschaftliche Diskussion im Hinblick auf das Verhältnis von Kultur und Persönlichkeit wird beherrscht von einer zentralen Kontroverse um Kulturrelativismus und Kulturuniversalismus. Diese Kontroverse wird mit einer Vielzahl dichotomer Begriffspaare in Verbindung gebracht wie beispielsweise emisch versus etisch oder qualitativ versus quantitativ (van de Vijer u. Leung 2001). Viele Autoren sind heute um eine integrierte Sichtweise beider Ansätze bemüht, so unter anderen Poortinga und van Hemert (2001) sowie Church (2000).

Kulturrelativismus

Die Schule des Kulturrelativismus geht im Kern von der These aus, dass der Kultur ein, wenn nicht der wesentliche Einfluss bei der Entwicklung von Persönlichkeit zukommt. Es wird quasi axiomatisch angenommen, dass Sozialisation in verschiedenen kulturellen Kontexten zu erheblichen Unterschieden in der Ausbildung von Persönlichkeit führt. Dem Verhältnis von Kultur und Persönlichkeit werden interdependente Systemeigenschaften zugesprochen mit der Konsequenz, dass jede kulturelle Gemeinschaft ihre eigene charakteristische und weit gehend unverwechselbare Persönlichkeit hervorbringt. Daher hat die Wissenschaft in dieser Tradition in erster Linie ein Interesse an ethnographischen, deskriptiven und hermeneutischen Analysen. Kultur vergleichende Studien zur Persönlichkeit finden sich selten (Jahoda u. Krewer 1997). Geprägt wurde die kulturrelativistische Position von Kulturanthropologen und Psychiatern in der ersten Hälfte des 20. Jahrhunderts. In Anwendung psychoanalytischer Theorien auf Kulturen war ihre Hauptthese, dass Menschen, die in derselben kulturellen Umgebung aufwachsen und einen vergleichbaren Sozialisationsprozess haben, mit einer hohen Wahrscheinlichkeit und in einem großen Ausmaß dieselbe Persönlichkeit entwickeln. Kultur wurde somit betrachtet als die Persönlichkeit einer Gesellschaft (Bock 1980). Dies führte zu einer Vielzahl von Theorien über den ethnischen Charakter und zur Formulierung schwieriger Begriffe, wie dem der „idealen Persönlichkeit" einer Gesellschaft von Ruth Benedict (1934), der „Basispersönlichkeit" einer kulturellen Gemeinschaft von dem Psychoanalytiker Abram Kardiner (Kardiner 1945) oder dem der „Modellpersönlichkeit" von der Anthropologin Cora DuBois (1944) (Übersicht bei Tseng 2001).

Zwei moderne Entwicklungen haben die klassischen Ideen der Kulturrelativisten aufgenommen: Die eine Richtung ist bekannt als „kulturelle Psychologie", die andere wird mit dem Begriff der „Indigenisierung" verbunden. In der **kulturellen Psychologie** („cultural psychology") werden Kultur und Persönlichkeit als sich wechselseitig beeinflussende Phänomene betrachtet, die einander gegenseitig bedingen (Miller 1997). In diesem Sinne wird die Natur des Selbst als sozial konstruiert und damit kulturvariant betrachtet. Bedeutungen von Persönlichkeitseigenschaften und Verhaltensweisen in einer Gesellschaft werden in erster Linie kontextuell und historisch begründet und weniger auf psychologische Funktionen und Prozesse zurückgeführt, wie dies in der experimentellen und psychometrischen Tradition der westlichen Verhaltenswissenschaften Usus ist. Die Existenz eines dimensionalen Modells von Persönlichkeitszügen („traits"), die relativ kulturunabhängig sind, wird in Frage gestellt (Church 2000).

Markus und Kitayama (1998) gehen von **zwei** unterschiedlichen **Sichtweisen** des **Selbst**, einer abhängigen im Gegensatz zu einer unabhängigen Sichtweise des Selbst aus, die Persönlichkeitskonzeptionen in verschiedenen Kulturen zu Grunde liegen. Das unabhängige Selbstkonzept ist in westlichen Ländern vorherrschend, wo eine Person als autonome Einheit mit einer bestimmten Anzahl an psychischen Eigenschaften und Prozessen definiert werden kann. In Asien, Afrika, Lateinamerika und vielen südeuropäischen Ländern hingegen dominiert ein abhängiges Selbstkonzept, wobei eine Person als interdependentes Wesen und Teil von bedeutsamen sozialen Beziehungen charakterisiert wird (Markus u. Kitayama 1991). Unter der großen Anzahl von Persönlichkeitsdimensionen, die verwendet wurden, um Kulturen zu beschreiben (Hofstede 1980), kommt der **Dimension** von **Individualismus** versus **Kollektivismus** von Triandis (1989; 1993; 1995) die größte Bedeutung zu. Triandis (1995) beschrieb drei **definitorische Gegensätze**, die mit dieser Dimension einhergehen:

- hinsichtlich der Selbstkonzepte einer autonomen unabhängigen Person einerseits und einer Person, die mit bedeutsamen sozialen Gruppen verbunden ist, andererseits;
- in Hinblick auf die Priorität persönlicher Ziele im Gegensatz zu den Interessen einer Gemeinschaft;
- hinsichtlich der Bedeutung von persönlichen Eigenschaften versus sozialer Rollen- und Normerwartungen bei der Verhaltenssteuerung.

Die zweite moderne Richtung im Zusammenhang mit der Tradition des Kulturrelativismus ist eine Entwicklung, die den indigenen kulturellen Faktoren in der Psychologie zu mehr Bedeutung verhelfen möchte. Im Kern gehen die Bemühungen dieser so genannten „Indigenisierungs-Bewegung" dahin, zu verdeutlichen, dass westliche Wissenschaftler lediglich ihr eigenes westliches Weltbild und Verständnis von Persönlichkeit im Kulturvergleich verifizieren, anstatt nichtwestliche indigene Bedeutungszuschreibungen zu akzeptieren und auf lokale psychologische Realitäten anzuwenden (Ho et al 2001; Poortinga u. van Hemert 2001).

Kulturuniversalismus

Im Gegensatz zu den Kulturrelativisten, die Unterschiede in der Persönlichkeit im Kulturvergleich als essenziell erachten, geht die Schule des Kulturuniversalismus von der zentralen Annahme aus, dass grundlegende psychologische Bedingungen der menschlichen Natur und Persönlichkeit universell und von kulturellen Einflüssen unabhängig sind (Poortinga u. van Hemert 2001). Die Mehrheit klinischer Psychologen ist der Auffassung, dass ein medizinisch orientiertes, kategoriales diagnostisches Klassifikationssystem von Persönlichkeitsstörungen, wie es im DSM-IV und der ICD-10 Anwendung findet, Persönlichkeitsauffälligkeiten und Verhaltensstörungen nur ungenügend einordnen könne. Daher wird ein **dimensionales Modell** von so genannten **Persönlichkeitszügen** („personality traits") favorisiert, mithilfe dessen Persönlichkeitseigenschaften von Individuen je nach Ausprägung als unterschiedliche Positionen auf wenigen definierten axial gedachten Dimensionen beschrieben werden (Saß 2000). Diese Persönlichkeitszüge werden als relativ stabile individuelle Differenzen in

Gedanken, Gefühlen und im Verhalten definiert (Church 2000) und sind auch als „der Kern der Persönlichkeit" (McCrae u. Costa 1996) bezeichnet worden. Das bekannteste dimensionale Persönlichkeitsmodell beinhaltet fünf Dimensionen und wird im angloamerikanischen Sprachraum als „Big Five" (Costa u. McCrae 1990) diskutiert; diese sind im Einzelnen: Neurotizismus, Extraversion, Offenheit für Erfahrung, Verträglichkeit und Gewissenhaftigkeit. Von Zerssen (1994) erweiterte diese um die Dimension der Frömmigkeit (s. ausführlich Fiedler 1998).

Der Großteil der **Kultur vergleichenden Persönlichkeitsforschung** („cross-cultural psychology") basiert in seiner theoretischen Konzeption auf dem dimensionalen Modell der Persönlichkeitszüge mit seinem Fokus auf stabilen internalen Persönlichkeitsattributen. Kultur wird typischerweise als unabhängige Variable betrachtet und daher implizit als von der individuellen Persönlichkeit trennbar erachtet (Lonner u. Adamopoulos 1997). Die zentrale Hypothese Kultur vergleichender Persönlichkeitsforscher ist die Vorstellung, dass die menschliche Natur mit ihren psychologischen Prozessen trotz unterschiedlicher kultureller Kontexte im Wesentlichen überall auf der Welt gleich sei. Die Forschungsbemühungen gehen somit in erster Linie dahin, universelle Persönlichkeitsdimensionen und -prozesse zu identifizieren (Church 2000). Dabei wird primär so vorgegangen, dass Persönlichkeitsdimensionen, die in westlichen Persönlichkeitsinventarien operationalisiert sind, übersetzt werden und in anderen kulturellen Kontexten Anwendung finden. Es konnte vielfach gezeigt werden, dass die Persönlichkeitszüge verschiedener dimensionaler Persönlichkeitsmodelle, die Persönlichkeit in jeweils unterschiedlicher Art und Weise dimensionieren, eine hinreichende Konsistenz im Kulturvergleich aufweisen (Church u. Lonner 1998, Poortinga u. van Hemert 2001; Church 2001; van de Vijver u. Leung 2001). Studien anhand des derzeit populärsten dimensionalen Modells, des Fünf-Faktoren-Modells „Big Five" beispielsweise weisen darauf hin, dass sich diese Dimensionen Kultur übergreifend wiederfinden lassen (McCrae 2001; McCrae et al. 1998; Übersicht bei Church 2000).

Persönlichkeitsstörungen im kulturellen Kontext

Konzeption

Von der Persönlichkeit zu der von der Außenperspektive als deviant angesehenen Persönlichkeitsstörung bestehen fließende Übergänge. In der Eigenwahrnehmung der Betroffenen wird das abweichende Verhalten meist als Ich-synton und somit nicht krankheitswertig erlebt. Die heutige Konzeption der Persönlichkeitsstörungen hat die alte Kontroverse um die eher biografisch geprägten Neurosen einerseits und die eher konstitutionell bedingten Psychopathien andererseits hinter sich gelassen (Saß 2000). In den weit gehend voraussetzungsarmen, deskriptiv-nosologischen Klassifikationssystemen der ICD-10 und des DSM-IV dient der Begriff der Persönlichkeitsstörung als wertneutraler Oberbegriff für alle dysfunktionalen Persönlichkeitsformen. Im Kern gehen die modernen Definitionen in beiden Klassifikationssystemen davon aus, dass eine Persönlichkeitsstörung dann vorliegt, wenn durch den Ausprägungsgrad und die besondere Konstellation psychopathologisch relevanter Persönlichkeitsmerkmale in klinisch bedeutsamer Weise erhebliches subjektives Leiden und nachhaltige Beeinträchtigungen der sozialen Anpassung entstehen. Da die Übergänge zwischen sozial akzeptierter und nicht akzeptierter Abweichung sehr kontextabhängig und fließend sind, betont Fiedler (1998, S. 4), dass „die Diagnose ‚Persönlichkeitsstörung' fast zwangsläufig in einem Bereich persönlicher und zwischenmenschlicher, wissenschaftlicher und gesellschaftlich-kultureller Streitfragen und Konfliktzonen (erfolgt)."

Diagnosestellung

Die diagnostische Einschätzung bei Persönlichkeitsstörungen hängt in entscheidendem Maße davon ab, wie eine Gesellschaft ein bestimmtes Verhalten bewertet (Tseng 2001). Hier eröffnet sich naturgemäß ein großer Spielraum für transkulturelle Unterschiede und Fehleinschätzungen im diagnostischen Prozess. Mezzich (1995; Mezzich et al. 2001) hebt hervor, dass in jedem Schritt des diagnostischen Prozesses kulturelle Einflussfaktoren eine erhebliche Rolle spielen.

Im US-amerikanischen DSM-IV (APA 1994) finden erstmals kulturelle Faktoren in einem Klassifikationssystem explizit Berücksichtigung, während dies in der ICD-10 (WHO 1991) noch nicht der Fall ist. Das DSM-IV verfügt über spezielle Abschnitte im Begleittext, die auf kulturspezifische Aspekte bei den jeweiligen Störungsbildern eingehen Daneben findet sich ein Leitfaden zur Beurteilung kultureller Einflussfaktoren bei der Anamneseerhebung und Diagnostik. Alarcon (1995) weist darauf hin, dass das **DSM-IV** insbesondere im Zusammenhang mit Persönlichkeits- und Anpassungsstörungen eine erstaunlich kulturrelativistische Position vertrete. So wird im DSM-IV betont, dass bei der Diagnostik von Persönlichkeitsauffälligkeiten und Verhaltensstörungen der entsprechende soziokulturelle Kontext von entscheidender Bedeutung sei. Bei Menschen aus fremden Kulturkreisen müsse bedacht werden, inwieweit Sitten und Gebräuche, religiöse Vorstellungen und politische Überzeugungen aus der Ursprungskultur zum Ausdruck kommen. Diese eher allgemein gehaltenen Aussagen über kulturspezifische Faktoren bei Persönlichkeitsstörungen werden im DSM-IV jedoch nicht vertieft. Daher kritisiert Alarcon (1996) grundsätzlich, dass nur etwa ein Drittel der von einer Expertenkommission gemachten Vorschläge für die Berücksichtigung transkultureller Aspekte bei Persönlichkeitsstörungen letztlich in die aktuelle Version des DSM-IV Eingang gefunden hätten. Dies gelte insbesondere für die Narzisstische, Histrionische und Vermeidende Persönlichkeitsstörung. Wichtige Aspekte kultureller Dimensionen wie Selbstbild, Anpassung oder sozialer Kontext seien vernachlässigt worden.

Auch Foulks (1996) betont, dass verschiedene Kulturen tendenziell unterschiedliche Persönlichkeitszüge als „ideal" erachten. Daher sei die Beurteilung der Frage der Abweichung einer Persönlichkeit von der sozial akzeptierten Norm in hohem Maße von den Werten, Vorstellungen und Normen der jeweiligen Kultur und den sozialen Strukturen der jeweiligen Gesellschaft abhängig. Dieser eher kulturrelativistischen Position der **kulturellen Psychiatrie** (s. ausführlich Fabrega 2001) stehen Studien gegenüber, die eine Kultur übergreifende Anwendbarkeit der Konstrukte der Achse II des DSM-IV zeigen. So haben beispielsweise Yang et al. (2000) das „Personality Diagnostic Questionnaire" (PDQ) und das „Personality Disorders Interview" (PDI-IV) für eine chinesische psychiatrische Patientenpopulation adaptiert und die Reliabilität, Validität und Faktorenstruktur der beiden genannten Instrumente im Kulturvergleich untersucht. Ihre Ergebnisse weisen darauf hin, dass die Konzeptionen von diagnostischen Kriterien für Persönlichkeitsstörungen im DSM-IV auf die chinesische Patientenpopulation übertragbar waren, obwohl berechtigte Bedenken bestehen, dass kulturvariante Psychopathologie und kulturspezifische Selbst-Konzepte solche Messinstrumente unbrauchbar machen könnten.

Eine weitere viel zitierte Studie in diesem Zusammenhang ist die von Loranger et al. (1994), die im Auftrag der WHO als weltweite **Pilotstudie** in elf Ländern durchgeführt wurde. Es handelte sich dabei um klinische Stichproben mit insgesamt 716 Patienten, die sich wegen unterschiedlicher psychischer Störungen (67,2 Prozent) oder ausschließlich wegen Persönlichkeitsstörungen (32,8 Prozent) in ambulanter oder stationärer Behandlung befanden. An der Erhebung beteiligten sich Forscher aus Indien, Holland, Großbritannien, Luxemburg, Deutschland, Kenia, Norwegen, Japan, Österreich, den USA und der Schweiz. Die Erhebung wurde mit dem „International Personality Disorder Examination" (IPDE) durchgeführt, welches die Kriterien beider Klassifikationssysteme, der ICD-10 und des DSM-III-R, enthält. Die Ergebnisse zeigten, dass die Interviewer aller weltweit beteiligten Zentren anhand des IPDE beide Klassifikationssysteme mit zufrieden stellender Interrater-Reliabilität auf ihre jeweilige Kultur und Sprache anwenden konnten.

Prävalenz und Epidemiologie

Es gibt nur wenige verlässliche epidemiologische Daten über Persönlichkeitsstörungen im transkulturellen Vergleich. Die epidemiologische Forschung auf diesem Gebiet wird durch eine Vielzahl kulturell determinierter Faktoren erschwert: Diese sind in erster Linie kulturspezifische Konzeptionen und Definitionen von Persönlichkeitsstörungen und kulturvariante Unterschiede bezüglich der sozialen Toleranz psychiatrischer Symptome sowie hinsichtlich der Beurteilung von Risiko und Schaden für die Mitglieder einer sozialen Gemeinschaft (Überblick bei Alarcon et al. 1998). Darüber hinaus macht eine immense Heterogenität innerhalb der verschiedenen Ethnien auf der Welt eine Differenzierung der Prävalenz für bestimmte Persönlichkeitsstörungen in bestimmten Bevölkerungsgruppen extrem schwierig (Briken u. Kraus 2000). Sofern in Untersuchungen nicht dieselben Methoden und Kriterien Anwendung finden, ist ein transkultureller Vergleich der Ergebnisse ohnehin zwecklos. Ohne Kenntnis der jeweiligen kulturellen Bedeutung und Implikationen verwendeter Methoden bleibt erhaltenes Datenmaterial schwierig zu interpretieren (Tseng 2001). So wurde beispielsweise im Zusammenhang mit der „Epidemiological Catchment Area Study" (ECA-Studie) (Nestadt et al. 1994) eine vergleichbare Studie in Taiwan durchgeführt mit dem Ziel, die Prävalenz der Antisozialen Persönlichkeitsstörung zwischen Amerika und Taiwan zu vergleichen (Compton et al. 1991). Die Ergebnisse zeigten, dass die Prävalenz für die Antisoziale Persönlichkeitsstörung in Taiwan bei 0,2 Prozent lag, in den Vereinigten Staaten hingegen bei drei Prozent. Obwohl der Studie ähnliche methodische Instrumente und vergleichbare Patientenpopulationen zu Grunde lagen, ist nicht klar, ob die gewonnen Daten tatsächliche Unterschiede in der Prävalenzrate widerspiegeln oder vielmehr kulturelle Unterschiede wie die Tendenz der Taiwanesen, aufgrund einer besonderen gesellschaftlichen Geringschätzung gegenüber antisozialem Verhalten sozial erwünschte Antworten zu geben (Tseng 2001).

In einem ähnlichen Sinne argumentieren Tang und Huang (1995), die hervorheben, dass die berichteten Prävalenzraten von Persönlichkeitsstörungen in China im Vergleich zu westlichen Ländern ungewöhnlich niedrig ausfielen. Die Autoren führen dies in erster Linie auf Unterschiede in den verwendeten Klassifikationssystemen zurück: Im Gegensatz zum DSM-IV und der ICD-10 sind in dem offiziellen chinesischen Klassifikationssystem „Chinese Classification of Mental Disorders, Second Edition, Revised" 1995 die Selbstunsichervermeidende, die Abhängige und die Borderline-Persönlichkeitsstörung als diagnostische Einheiten nicht aufgeführt (Lee 1996). Nach der WHO-Pilotstudie von Loranger et al. (1994) hingegen wurden die einzelnen Typen der Persönlichkeitsstörungen in praktisch allen teilnehmenden Ländern diagnostiziert. Die fast durchgängig höchsten Prävalenzraten wiesen in den meisten Ländern die Borderline- und die Selbstunsicher-vermeidende Persönlichkeitsstörung auf; lediglich in Indien wurde keine Vermeidende Persönlichkeitsstörung diagnostiziert, in Kenia keine Borderline-Persönlichkeitsstörung. Die Sadistische und die Narzisstische Persönlichkeitsstörung (1,3 Prozent) wiesen mit die geringsten Prävalenzraten in der untersuchten Stichprobe auf. Interessanterweise war selbst die konzeptuell umstrittene Passiv-aggressive Persönlichkeitsstörung bei einer Gesamtprävalenz von fünf Prozent mit einer Ausnahme in allen teilnehmenden Ländern diagnostizierbar.

Äthiopathogenese und Symptomatologie

Es herrscht heute Konsens über die Annahme einer multifaktoriellen Kausalität in der Äthiopathogenese von Persönlichkeitsstörungen. Nach Fabrega (1994) sind in der modernen psychiatrischen Theoriebildung insbesondere biologische, historische und kulturelle Faktoren in ihrem „dialektischen Zusammenspiel" bei der Entwicklung von Persönlichkeitsstörungen bedeutsam. Kulturelle Momente können dabei einerseits pathoplastisch die Symptombildung beeinflussen, andererseits aber auch direkt als pathogene Faktoren wirken. Als pathogener Faktor kann Kultur hierbei in zweierlei Hinsicht fungieren: Zum einen können Elemente der mikro- (Familie) und makrokulturellen Umgebung (Gesellschaft) der klinischen Manifestation von Persönlichkeitsstörungen zum Ausbruch verhelfen. Zum anderen können Persönlichkeitsstörungen über kulturvariante Merkmale entscheidend zur Symptomatik von Achse-I-Diagnosen beitragen (Alarcon et al. 1998).

Die pathoplastische Funktion kultureller Faktoren in der Symptombildung wird deutlich an dem Einfluss, den Tradition, Kindererziehung, Religion, Überzeugungen und Mythen, Normen und Werte und wirtschaftliche Situation auf der Makroebene ebenso wie familiäre Regeln und Erwartungen, Traditionen der Ursprungsfamilie, Lebensumstände und signifikante Lebensereignisse auf der Mikroebene auf ein Individuum haben. Inter- und transkulturelle Erfahrungen, wie beispielsweise bei der Migration, tragen zur Produktion und zum Ausdruck von Symptomen bei Persönlichkeitsstörungen bei. Migration ist eng verbunden mit den Phänomenen Rassismus (Fernando 1991) und Akkulturation (Fernando 1995; Krause 1998), welche ihrerseits sowohl einen pathogenen als auch einen pathoplastischen Faktor darstellen können.

Spezifische Persönlichkeitsstörungen im kulturellen Kontext

Bei der folgenden Darstellung der einzelnen Persönlichkeitsstörungen wird auf relevante kulturelle Aspekte fokussiert, die im Rahmen der diagnostischen Beurteilung des Funktionsniveaus einer Persönlichkeit bei Menschen aus fremden Kulturkreisen differenzialdiagnostisch Berücksichtigung finden müssen.

Paranoide Persönlichkeitsstörung: Verhaltensweisen, die auf einem bestimmten soziokulturellen Hintergrund oder auf besonderen, beispielsweise traumatischen Lebensereignissen beruhen, können fälschlicherweise als paranoid interpretiert werden und somit durch den Prozess der klinischen Evaluation sogar noch verstärkt werden. Ethnische Minderheiten, Migranten oder Flüchtlinge können aufgrund ihrer Erlebnisse im Herkunftsland, aufgrund einer mangelnden Vertrautheit mit der Sprache, den Werten und Normen der Gastkultur oder aufgrund von Ablehnung im Aufnahmeland mit extremer Vorsicht, Anspannung und Misstrauen reagieren. Die Entscheidungsfähigkeit dieser Menschen ist häufig herabgesetzt, was sie rigide und kompromissunfähig erscheinen lassen mag. Diese Verhaltensweisen können bei den Einheimischen Ärger und Frustration hervorrufen, was in einen Teufelskreis wechselseitigen Misstrauens münden kann. Streitsüchtiges Verhalten, Misstrauen und Empfindlichkeit erfüllen hier zwar formal die diagnostischen Kriterien einer Paranoiden Persönlichkeitsstörung, sind in ihren Ursachen jedoch auf einem anderen Hintergrund zu sehen (Alarcon et al. 1998). Manche ethnische Gruppen legen kulturell determinierte Verhaltensweisen an den Tag, die als paranoid fehleingeschätzt werden können.

So können beispielsweise Menschen aus dem Mittleren Osten und aus Osteuropa Außenstehenden gegenüber geheimnistuerisch und misstrauisch wirken (Trouve et al. 1983). Spanier erwecken häufig den Eindruck, als seien sie rechthaberisch oder bezüglich gesellschaftlicher Normen wenig anpassungsbereit (Padilla et al. 1987).

Schizoide Persönlichkeitsstörung: Menschen, die vom Land in die Stadt gezogen sind, können mit einer länger dauernden Phase emotionalen Rückzugs und sozialer Isolation reagieren, bis die Anpassungsleistung vollbracht ist. Einzelgängerisches Verhalten, Affekthemmung und Mangel an vertrauensvollen Beziehungen sind in diesem Fall eher als Verarbeitungsmodus denn als Kriterien für eine Schizoide Persönlichkeitsstörung zu verstehen. Auch Zuwanderer aus fremden Kulturen können in diesem Sinne von der Gastgesellschaft als zurückgezogen, feindselig, kalt oder gleichgültig erlebt werden.

Antisoziale Persönlichkeitsstörung: In den meisten Kulturen der Welt existiert in irgendeiner Form ein Begriff für die dissoziale Persönlichkeit (Cooke 1996; 1998). Murphy (1976) hat in ihrer richtungsweisenden Studie gezeigt, dass sogar kulturell und geografisch so verschiedene Ethnien wie die Inuit im Nordwesten von Alaska und die Yoruba in Nigeria Konzepte für sozial abweichendes Verhalten haben. Nach Robins et al. (1991) ist das Vorkommen der Antisozialen Persönlichkeitsstörung prinzipiell unabhängig von dem sozioökonomischen Status einer Gesellschaft, lediglich die Prävalenz variiere hinsichtlich Zeit und Ort. Cooke und Michie (1999) stellen einen interessanten Zusammenhang zwischen der Prävalenz sozial abweichenden Verhaltens und der Frage her, ob eine Gesellschaft in ihrer Grundhaltung eher individualistisch oder kollektivistisch ausgerichtet sei. Ihre zentrale These lautet, dass in kollektivistischen Kulturen, in denen die Bedürfnisse der sozialen Gemeinschaft Vorrang vor individuellen Zielen haben, wo Autoritäten eher respektiert werden und stabile und langfristige Beziehungen bedeutsam sind, die Kriminalitätsraten geringer ausfallen als in individualistischen Gesellschaften. Letztere leisten aufgrund starken Konkurrenzdenkens und Leistungsstrebens sowie aufgrund von Autoritätsverlust und

Individualisierung mit geringer sozialer Bezogenheit, Vereinzelung und wenigen kurzfristigen oberflächlichen Beziehungen einem kriminellen Verhalten im besonderen, aber auch rücksichtslosem, manipulativem und parasitärem Verhalten im allgemeinen Vorschub.

Borderline-Persönlichkeitsstörung: In der WHO-Pilotstudie von Loranger et al. (1994) war die Prävalenz der Borderline-Persönlichkeitsstörung von allen Persönlichkeitsstörungen, abgesehen von Kenia, weltweit mit am höchsten. In den USA ist die Prävalenz der Borderline-Persönlichkeitsstörung in den letzten 30 Jahren signifikant gestiegen, während in vielen anderen Gesellschaften, vor allem in Asien, die Prävalenz nicht entsprechend stark gestiegen ist. Transkulturelle Untersuchungen sind bisher noch kaum vorhanden. Aus Japan wurde von Moriya et al (1993) berichtet, dass japanische Borderline-Patienten im Vergleich zu amerikanischen seltener einen Substanzmissbrauch zeigten, aber häufiger unter Derealisations- und Depersonalisationserleben litten. Paris (1992) konnte zeigen, dass die charakteristischsten Symptome der Borderline-Persönlichkeitsstörung, das heißt wiederholte Suizidversuche und selbstverletzendes Verhalten, in traditionellen Kulturen nicht zu beobachten waren. Wiederholte Suizidversuche und selbstverletzendes Verhalten könnten in Gesellschaften mit einem hoch entwickelten Gesundheitssystem als effektives Hilfe suchendes Verhalten interpretiert werden.

Die äußeren Lebensumstände unserer modernen westlichen hochkomplexen Gesellschaften können insbesondere bei Migranten Verhaltensweisen generieren, die Symptomen der Borderline-Persönlichkeitsstörung ähneln. Die sozialen Anforderungen und Erwartungen an das Individuum sind um ein Vielfaches gestiegen, so dass Identitäts- und Anpassungsfragen in modernen Lebenswelten elementare Bedeutung erlangen (Paris 1991). Ungelöste intrapsychische Konflikte können zu Stimmungsschwankungen, Impulsivität, Instabilität, Ambivalenz, Unberechenbarkeit und intensivem Ärger führen, was nicht unmittelbar einer Borderline-Persönlichkeitsstörung gleichgesetzt werden darf. Depersonalisationserleben, tranceähnliche Zustände und psychosenahe Episoden sind bekannte, kulturell determinierte Phänomene in vielen nichtwestlichen Gesellschaften, die in der Regel im Rahmen von traditionell tief verwurzeltem religiösem Erleben zu sehen sind und sich unter dem Anpassungsdruck an eine neue kulturelle Umgebung vorübergehend verstärken können (Kirmayer 1989; Lewis-Fernandez 1993). Parasuizidale Handlungen wie Schnittverletzungen am Handgelenk sind in Kulturen des Mittleren Ostens sowie bei indianischen Kulturen häufig Teil kulturell determinierter Bindungsrituale (Paris 1991).

Histrionische Persönlichkeitsstörung: Hyperemotionalität, Verführbarkeit, Selbstzentriertheit, Charme, Beeindruckbarkeit, Unterwürfigkeit, Somatisierung und die Tendenz zu Dramatisierung in zwischenmenschlichen Beziehungen sind in hohem Maße kulturell bestimmte Persönlichkeitszüge, die in der Spätadoleszenz und im frühen Erwachsenenalter in einigen Kulturen verbreitet sind (Standage et al. 1984). Menschen aus dem Mittelmeerraum und aus Lateinamerika werden daher wahrscheinlich am häufigsten mit einer Histrionischen Persönlichkeitsstörung fehldiagnostiziert. Umgekehrt unterliegen kulturfremde Diagnostiker auch der Gefahr kultureller Stereotypien: Castaneda und Franco (1985) wiesen in ihrer Untersuchung darauf hin, dass amerikanische Interviewer bei Patientinnen lateinamerikanischer Abstammung Symptome wie histrionisches Verhalten, geringe Affektkontrolle und Impulsivität häufig fälschlicherweise als kulturtypisch denn als psychopathologisch eingeordnet haben.

Narzisstische Persönlichkeitsstörung: Es wird vermutet, dass Narzisstische Persönlichkeitsstörungen bei ethnischen Minderheiten häufig fehldiagnostiziert werden, insbesondere bei denen, die der Gastkultur sehr fremd sind (Tseng 2001). Flamboyance im Sinne einer übertriebenen Bewertung der eigenen Wichtigkeit beispielsweise wird häufig bei jungen Männern in südeuropäischen oder lateinamerikanischen Kulturen beobachtet und als narzisstisch fehlinterpretiert (Martinez 1993). Ihre wortreiche blumige Ausdrucksweise kann als Rationalisierung und das Bestreben, hindernde Umstände beheben zu wollen, als Größenphantasie verkannt werden (DSM-IV [APA 1994]). Ein gesteigertes Bedürfnis nach Anerkennung, gepaart mit Neidgefühlen gegenüber als erfolgreicher erlebten Personen ist häufig als vorübergehendes reaktives Verhalten bei Menschen aus bestimmten sozialen und kulturellen Gruppen zu beobachten, die durch Schicksalsschläge an den Rand der Gesellschaft gedrückt wurden (Clemens 1982). Bei Angehörigen von Ghetto-Gruppen, bei denen das Selbstwertgefühl fragil ist, können Verhaltensweisen die Form pseudonarzisstischer Enttäuschung und Kränkung annehmen (Battan 1983).

Vermeidend-selbstunsichere Persönlichkeitsstörung: Vermeidendes, selbstunsicheres Verhalten kann aufgrund von Problemen im Akkulturationsprozess bei Migration auftreten (DSM-IV [APA 1994]); Angehörige ethnischer Minderheiten sind in sozialen Situationen häufig zurückhaltend. Sie sind im Kontakt mit anderen Menschen ängstlich, fürchten Kritik und können nur schwer in Kontakt treten. Umgekehrt können kulturell tief verwurzelte Sitten, Werte und Gebräuche ein Individuum trotz eines hohen Bedürfnisses nach Akzeptanz und Integration scheu und isoliert erscheinen lassen. Solches Verhalten kann vor allen Dingen bei Asiaten und Filipinos beobachtet werden, was häufig fälschlicherweise als Inferioritätskomplex interpretiert wird. Strenge religiöse Praktiken, familienzentrierte Werteorientierung und identitätswahrende Prozesse vermitteln so in der transkulturellen Diagnostik irrtümlicherweise den Eindruck einer Vermeidenden Persönlichkeitsstörung (Roland 1988).

Dependente Persönlichkeitsstörung: In asiatischen Gesellschaften sind im Gegensatz zu westlichen Kulturen Passivität, Höflichkeit und Abhängigkeit erwünschte Persönlichkeitszüge (Roland 1988; Johnson 1993). Gehorsam und Gefolgschaft gegenüber Älteren, Professionellen, Kirchenvertretern oder Politikern spiegeln die strengen Hierarchien und paternalistischen Strukturen in diesen Ethnien wider. Die Chinesen haben ein eigenes psychiatrisches Klassifikationssystem, in dem die Dependente und Passiv-aggressive Persönlichkeitsstörung nicht existieren (Lee 1996).

Zwanghafte Persönlichkeitsstörung: Die Ausübung von Regeln und Vorschriften, die einem Individuum durch die eigene Kultur auferlegt werden, kann den Eindruck mangelnder Toleranz und Flexibilität hervorrufen, was an die Charakteristika einer Zwanghaften Persönlichkeitsstörung erinnert, seine Wurzeln jedoch in kulturspezifischen Sozialisierungsbedingungen hat. Talmudische Gelehrte, Priester, Minister oder etwa Wissenschaftler und Forscher widmen sich exzessiv ihrer Tätigkeit. Solche Menschen zeigen häufig einen eingeschränkten Affektausdruck, sind rigide in moralischen und ethischen Fragen und haben ein hohes Kontrollbedürfnis. Aufgrund eines ausgeprägten Perfektionsdrangs kann es zu Konflikten mit den weniger rigiden Teilen einer Gesellschaft kommen (Alarcon et al. 1998; Witztum et al. 1990) Die Gefahr der Fehldiagnose einer Zwanghaften Persönlichkeitsstörung besteht somit bei religiösem Konservatismus oder bei Anpassung an enge soziale Regeln. Exemplifizierend seien hier auch die religiösen Praktiken orthodoxer Juden oder die Arbeitseinstellung japanischer Menschen genannt (Chang 1965). In demselben Sinne mögen Europäer häufig ordentlich, vorsichtig, unflexibel, affektarm und steif erscheinen, was eine kulturelle Komponente ihrer Gesellschaft zum Ausdruck bringt und nicht mit der Diagnose einer Zwanghaften Persönlichkeitsstörung in Zusammenhang gebracht werden sollte (DeGregorio u. Carver 1988).

Persönlichkeitsstörungen und Migration
Protektive und pathogene Faktoren

Kultur kann hinsichtlich der klinischen Manifestation von Persönlichkeitsstörungen eine protektive Funktion haben. Bei Migration in eine neue kulturelle Umgebung fällt die Schutzfunktion der Ursprungskultur weg. Dies hat zur Folge, dass die Vulnerabiltät eines Individuums in der Gastgesellschaft exponiert ist, was zur Manifestation von Persönlichkeitsauffälligkeiten führen kann. Paris (1996; 1998) hat insbesondere für die Emotionalinstabilen Persönlichkeitsstörungen des Clusters B herausgearbeitet, dass die Lebensbedingungen traditioneller Gesellschaften soziale und kulturelle protektive Faktoren aufweisen, die trotz biologisch determinierter Vulnerabilität die Entwicklung Emotionalinstabiler Persönlichkeitsstörungen verhindern.

Traditionelle Gesellschaften sind nach dieser Ansicht charakterisiert durch langsamen sozialen Wandel, Kontinuität zwischen den Generationen, hohe familiäre und gesellschaftliche Kohäsion und eindeutige soziale Rollen. Im Gegensatz dazu zeichnen sich **moderne Gesellschaften** durch schnellen sozialen Wandel, Diskontinuität zwischen den Generationen, geringe familiäre und gesellschaftliche Kohäsion und unklare soziale Rollen aus (Paris 1998). Obwohl es große Unterschiede zwischen traditionellen Gesellschaften gibt, ist ihnen allen gemeinsam, dass klare Erwartungen an und eindeutige und vorhersagbare soziale Rollen für die Mitglieder einer solchen kulturellen Gemeinschaft existieren. Im Ergebnis werden vulnerable Individuen davor geschützt, sich nutzlos oder sozial isoliert zu fühlen. In modernen Gesellschaften hingegen hat der Wegfall stabiler sozialer Strukturen zu rapidem gesellschaftlichem Wandel mit einem Verlust sicherer sozialer Rollenmodelle geführt. Modernität verlangt ein hohes Maß an Autonomie und erlegt den Menschen auf, ihre sozialen Rollen selbst zu schaffen und zu gestalten. Diese Instabilität in den sozialen Strukturen ist ein hoher Risikofaktor für Persönlichkeitsstörungen.

In traditionellen Gesellschaften können dysfunktionale Familienverhältnisse durch Großfamilien und starke Bezüge zur sozialen und religiösen Gemeinschaft aufgefangen werden (Paris 1996). Darüber hinaus unterdrücken die genannten sozialen Strukturen generell aufgrund ausgeprägter Familien- und Gruppenkohäsion Phänomene von Impulsivität oder emotionaler Instabilität, das heißt Verhaltenszüge, die in erster Linie mit modernen Gesellschaften in Verbindung gebracht werden. Bei der Migration von einer traditionellen in eine moderne Gesellschaft wird der historische und soziale Prozess der Modernisierung Teil einer persönlichen Erfahrung von Individuen. In diesem Prozess sind Migranten einem höheren Risiko für die Entwicklung von Psychopathologie ausgesetzt. Paris (1996) hat für die Borderline-Persönlichkeitsstörung gezeigt, dass Patienten mit entsprechender Prädisposition und Vulnerabilität in traditionellen Herkunftskulturen aufgrund soziokultureller protektiver Faktoren vor der Manifestation der Erkrankung geschützt waren und erst nach Migration in eine moderne Gastkultur eine klinisch relevante Borderline-Persönlichkeitsstörung entwickelten.

Umgekehrt können Menschen mit einer zurückhaltenden Persönlichkeitsstruktur in ihrer Ursprungskultur gut funktioniert haben und mit der Migration und konsekutiven Exposition in einer aggressiven Gastkultur inadäquate passive Persönlichkeitsauffälligkeiten präsentieren.

Nach dem bisher Gesagten kann **Migration** als potenzieller Induktor für Persönlichkeitsstörungen aufgefasst werden. Migration als kulturelles, soziales und geographisches Phänomen kann darüber hinaus wegen der dem Prozess inhärenten Vulnerabilität auch direkt als pathogener (und selbstverständlich pathoplastischer) Faktor für Persönlichkeitsstörungen fungieren (Alarcon et al. 1998). Es ist daher verständlich, dass viele, insbesondere psychoanalytische Autoren (z.B. Ardjomandi 1998; Grinberg u. Grinberg 1990; Kohte-Meyer 1993) Migration wegen der damit einhergehenden basalen Verunsicherung und existenziellen Identitätskrisen und -störungen als Trauma beschreiben. Grinberg und Grinberg (1990, S. 11) machen deutlich, dass „Migration keine isolierte traumatische Erfahrung (ist), die sich Moment der Trennung, der Abreise vom Herkunftsort oder im Moment der Ankunft im neuen, unbekannten Ort, wo sich das Individuum niederlassen wird, ereignet... Die Reaktion des Individuums im Augenblick des traumatischen Ereignisses entscheidet nicht darüber, ob das Geschehen in seinen Folgen traumatisch sein wird oder nicht, da dies von der schon vorhandenen Persönlichkeit des Subjekts und von zahlreichen anderen Umständen abhängt. Im Allgemeinen ist es eher so, daß es eine... variable ‚Latenzperiode' zwischen den traumatischen Ereignissen und ihren feststellbaren Folgen gibt – so wie man oft in migratorischen Erfahrungen etwas beobachten kann, das wir ‚übergangene Trauer' genannt haben."

Dynamische Faktoren des Migrationsprozesses

Migrationsprozesse haben nach Sluzki (2001) eine kultur- und situationsübergreifende Regelhaftigkeit (Abb. 1). Sie findet sich bei Vertreibung durch Gewalt, bei Kriegsflüchtlingen und politisch Verfolgten ebenso wie bei freiwilligen Zuwanderern und Arbeitsmigranten. Diese idealtypische Regelhaftigkeit besteht unabhängig von den erlebnisreaktiven In-

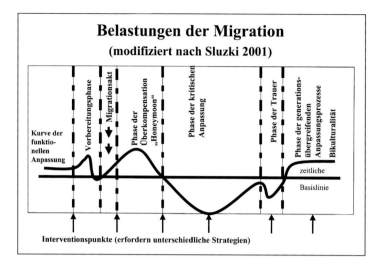

Abb. 1 Belastungen der Migration (Machleidt 2003)

halten, individuellen Problemlagen und Bewältigungsstilen. Es lassen sich sechs Stadien des Migrationsprozesses voneinander unterscheiden:

Vorbereitungsphase: In dieser beschäftigt sich die Familie in einer gehobenen Stimmung von Hoffnung und Euphorie mit der bevorstehenden Auswanderung. Ausschlag gebend für die Motivationslage ist dabei der Grund der Auswanderung.

Migrationsakt: Er ist die Trennung von der Heimatkultur und der transitorische Prozess des Überwechselns in die Gastkultur. Das Zielland kann schnell und problemlos erreicht werden, aber auch erst nach langen Irrfahrten, Zwischenaufenthalten und schweren Schicksalsschlägen.

Überkompensierung: In der dritten Phase wird die erste Begegnung mit dem Gastland als eine Art „Honeymoon" erlebt. Gefühle von Neugier und Euphorie sind verbunden mit einer Überidealisierung der sozialen und kulturellen Errungenschaften des Gastlandes und einer Abwertung des Herkunftslandes (Abb. 2). Bei den Migrantenfamilien zeigt sich in diesem Stadium eine gute Akkulturationsbereitschaft.

Phase der kritischen Anpassung oder Dekompensation: In dieser Phase kommt es im Zusammenhang mit dem verunsichernden und schmerzlichen Ringen um die Grundlagen der Existenz zu einer Ernüchterung. Es geht darum, die neue soziale Realität zu gestalten und gleichzeitig die Kontinuität der Familie zu erhalten. Im Rahmen des Anpassungsprozesses müssen Gewohnheiten aus der Gastkultur übernommen werden und alte, eigene Gewohnheiten aufgegeben werden. Dies gelingt der zweiten Generation leichter und schneller als der ersten, was zu Generationskonflikten Anlass gibt (z.B. Umgang mit Partnerschaft und Sexualität bei 16-jährigen Türkinnen). Die familiären Regeln im Umgang miteinander und zwischen den Generationen ändern sich und stellen die alte familiäre Identität in Frage, die sich in ihren hergebrachten Gewohnheiten und Ritualen bestätigt sah. Es steht die familiäre und individuelle „alte" Identität in Frage, und eine neue „bikulturelle" oder „multikulturelle" Identität ist noch nicht gefunden. Dieses Übergangsstadium ist daher die Konflikt- und Problemphase, in der Migranten typischerweise Symptome entwickeln und professionelle Hilfe aufsuchen. Die Vulnerabilität für Stresskrankheiten, Persönlichkeitsstörungen und Suchtverhalten ist hier besonders hoch. Je größer die Schwierigkeiten, unter denen die notwendigen Anpassungsprozesse erbracht werden müssen, umso größer ist die gesundheitliche Gefährdung. Es ist einleuchtend, dass hinsichtlich der kulturellen Ausgangsbedingungen für die Akkulturation große Unterschiede bestehen: Für einen beispielsweise aus Spanien nach Deutschland einwandernden Migranten ist dieser Prozess anders zu beurteilen als für einen aus Asien stammenden Migranten.

Phase der Trauer: Schließlich geht es in der Phase der Trauer (Machleidt 2003) (s. Abb. 1) um die Verarbeitung des Verlustes der Werte der Heimatkultur und der vertrauten kulturellen Einbindung. Das erfolgreiche Betrauern dessen, was zurückgelassen wurde, führt zur Erlangung einer neuen bikulturellen Identität, die aus einer Mischung von alten und neuen Spielregeln und Gewohnheiten besteht. Solche Identität nach erfolgter Integration alter und neuer Regeln wird als gestärkte Identität erlebt. Besteht aber eine Unfähigkeit, das, was in der Heimat zurückgelassen werden musste, als Verlust zu betrauern, wird dieses im Sinne reaktiver Ethnizität „zunehmend idealisiert (was die Anpassung erschwert) oder verleugnet (was die Trauer und die Verarbeitung des Verlustes erschwert)" (Sluzki 2001, S. 110). Manche erfolgreiche Migranten versuchen durch eine „Überidentifizierung mit der Sprache und den kulturellen Normen des Gastlandes und die Verleugnung des eigenen Ursprungs, durch Abspaltung ihrer primären Identität, den schmerzhaften Prozess der Migration zu lindern und die Scham- und Schuldgefühle abzuwehren" (Ardjomandi 1998, S. 319). Das Gegenteil dazu sind Familien, die sich mit den Erfahrungen existenzieller Bedrohung immer wieder auseinandersetzen und davon nicht lösen können. Sie verharren in einer kollektiven Trauer, die zur Haltung gerinnt. Wer daraus ausbricht, ist ein „Verräter", der sich auf die neue Realität einlässt, während die Ankläger Verantwortung für das Vergangene tragen. Tatsächlich ist für erfolgreiche Migrationsprozesse sowohl das eine wie das andere notwendig (Sluzki 2001).

Phase der generationsübergreifenden Anpassungsprozesse: Schließlich werden die tradierten Stile, Regeln, Sitten, Werte und auch Mythen, die von der Generation der Einwanderer gepflegt werden, von der nachfolgenden Generation, die im Aufnahmeland aufwächst, in Frage gestellt und verändert. Dies findet in Form von Generationskonflikten seinen Ausdruck. Diese sind notwendige Auseinandersetzungen in Migrantenfamilien, um Anpassungs- und Akkulturationsprozesse an die neue Gastkultur zu leisten.

Traumatisierte Migranten – differenzialdiagnostische Probleme

Die häufigste Ursache für posttraumatische Störungen bei Flüchtlingen und Migranten in Westeuropa sind Erfahrungen von so genannter organisierter Gewalt. Gemäß WHO werden unter dem Begriff der **organisierten Gewalt** alle Formen zielbewusst eingesetzter physischer und psychischer Gewalt gegen Menschen durch Staaten, Organisationen und Gruppierungen verstanden. Hierunter fallen Folter, Unterdrückung, Geiselhaft, Kriegshandlungen und andere Formen politisch, religiös, ethnisch oder anderweitig weltanschaulich begründeter Gewalt (Brune 2000). Diese traumatischen Erfahrungen werden als „man made disasters" bezeichnet und haben – im Gegensatz zu Unglücksfällen oder Naturkatastrophen, die nicht bewusst durch menschliches Handeln herbeigeführt werden – in der Regel schwere psychische Folgen. Jedoch sind nicht alle Flüchtlinge und Migranten, die Gewalt erlebt haben, traumatisiert in dem Sinne, dass sie einer speziellen Behandlung bedürfen. Selbst ähnliche Traumatisierungen haben nicht bei allen Menschen die gleichen Folgen, da korrektive Faktoren bei der Verarbeitung der traumatischen Situation und protektive Faktoren im Sinne biografischer Disposition schützend oder zumindest mildernd wirken können (Moggi 1996; Fischer u. Riedesser 1999). Es erscheint daher ratsam, sich auf keine exakte Prozentangabe, wie viele der Flüchtlinge traumatisiert sind, festzulegen. Man kann davon ausgehen, dass zwischen fünf und 30% der Flüchtlinge aufgrund von Traumatisierung durch organisierte Gewalt unter psychischen Störungen leiden (Brune 2000).

Die Situation von Flüchtlingen und Migranten wird einerseits über die Gewalterfahrung in den Herkunftsländern hinaus durch den Prozess der Migration, der seinerseits vulnerabel, potenziell pathogen und möglicherweise ebenfalls traumatisierend sein kann, sowie andererseits durch die Exilproblematik verschärft. Hinzu treten für Flüchtlinge häufig psychosozial schwierige Rahmenbedingungen, beispielsweise aufgrund eines unsicheren Aufenthaltsstatus. Flüchtlinge legen daher Psychiatern gegenüber nicht selten ein tiefes Misstrauen an den Tag: Sie projizieren die verfolgenden

Erfahrungen im Heimatland ebenso auf den Untersucher wie die negativen Erlebnisse mit deutschen Behörden. „Das jahrelange Bangen wegen einer möglichen Abschiebung, das Ausharren von Duldung zu Duldung ohne ein Recht auf Arbeit bedeutet eine weitere Traumatisierung der Menschen und hält sie häufig im posttraumatischen Zustand fest. Es gibt auf Seiten der Flüchtlinge also eine Verdopplung paranoider Einstellungen gegenüber der (Untersuchungs-)Situation" (Henningsen 2003, S. 104). Hier wird deutlich, dass aufgrund solcher vehementer projektiver Mechanismen die differenzialdiagnostische Abgrenzung von und die Einschätzung einer etwaigen Komorbidität mit Persönlichkeitsstörungen besonders erschwert sein kann.

Viele traumatisierte Menschen erleiden nicht nur einmal, sondern mehrmals in ihrem Leben eine posttraumatische Symptomatik. Es ist daher wichtig, zwischen einer aktuellen („current") und einer irgendwann im Leben auftretenden („lifetime") posttraumatischen Störung zu unterscheiden (van der Kolk et al. 1996). Wesentlich für unsere Thematik ist ferner, dass eine Posttraumatische Belastungsreaktion auch nach Monaten, manchmal gar erst nach Jahren als so genanntes **verzögertes posttraumatisches Belastungssyndrom** in Erscheinung treten kann. Einem früheren Erlebnis wird dann bedingt durch eine Wiederholung von Komponenten der traumatischen Situation oder durch Lebenskrisen nachträglich eine existenziell bedrohliche Bedeutung verliehen (Fischer u. Riedesser 1999). Dieser Zusammenhang ist bei traumatisierten Migranten bedeutsam, da Psychopathologie und Verhaltensauffälligkeiten in Unkenntnis der Möglichkeit eines verzögerten posttraumatischen Belastungssyndroms mit Anpassungsstörungen im Rahmen des migratorischen Prozesses verwechselt werden können und somit der traumatische Hintergrund der Problematik unerkannt bleibt. Aus eigener klinischer Erfahrung wissen wir, dass insbesondere bei jugendlichen Migranten erst im Zusammenhang mit der Migration und möglichen Folgetraumatisierungen Kindheitstraumata wie sexueller Missbrauch psychopathologisch relevante Bedeutung erlangen können.

Aufgrund der besonderen Charakteristika von Menschen, die Opfer organisierter Gewalt wurden, haben Herman und van der Kolk das Konzept des **komplexen posttraumatischen Belastungssyndroms** entwickelt (Herman 1992). Dieses versucht in erster Linie Folgen von schwerster, lang anhaltender und wiederholter Traumatisierung wie etwa nach Folter, Lagerhaft und fortgesetzter Misshandlung zu beschreiben. Insbesondere die Veränderungen der Affektregulierung mit anhaltenden dysphorischen Verstimmungen, chronischer Beschäftigung mit Suizidideen, Neigung zu Selbstverletzungen, explosiver oder extrem unterdrückter Wut und zwanghafter oder extrem gehemmter Sexualität, aber auch dissoziative Episoden, Depersonalisations- und Derealisationserleben sowie Abbruch von intimen Beziehungen machen die differenzialdiagnostische Abgrenzung des komplexen posttraumatischen Belastungssyndroms von der Borderline-Persönlichkeitsstörung extrem schwierig, wenn nicht gar manchmal unmöglich (s. a. Overkamp et al. 1997; Bronisch 2001; Gunderson u. Sabo 1993).

Nicht unerwähnt bleiben darf, da für den diagnostischen und therapeutischen Prozess von immanenter Wichtigkeit, dass es kulturelle **Unterschiede im Umgang** mit traumatischen Ereignissen gibt. In einigen Kulturen kommuniziert man fast ausschließlich nonverbal über schmerzhafte Verluste oder Ereignisse. Dies kann in westlichen Kulturen zu dem Missverständnis führen, dass Traumata auf Seiten von Migranten geleugnet werden. Die Gepflogenheit, das Unheil nicht beim Namen zu nennen, kann Ausdruck entweder einer Behutsamkeit gegenüber Traumatisierten sein oder der Befürchtung, durch Aussprechen des Bösen dieses herbeizurufen (Brune 2000). Umgekehrt dürfen Vorbehalte von traumatisierten Migranten der Psychiatrie gegenüber nicht als kulturelle Vorurteile missinterpretiert werden, sondern müssen vor dem Hintergrund der realen Erfahrung eines möglichen politischen Missbrauchs der Psychiatrie sowie des Mitwirkens von Ärzten bei Folter verstanden werden.

Die sich gegenseitig bedingenden und beeinflussenden Aspekte im Spannungsfeld von Trauma, Migration und Persönlichkeitsstörung können in einem Interaktionskreis beschrieben werden. Dieser symbolisiert das komplexe Spannungsfeld, in dem sich Diagnose und Differenzialdiagnose bei und die Therapie von traumatisierten Flüchtlingen bewegen: Bereits vor der Migration kann eine klinisch manifeste Persönlichkeitsstörung oder zumindest ihre latente Disposition vorliegen. Beides kann auf Primärtraumata in Kindheit und Jugend zurückgehen. Eine **prämigratorische Persönlichkeitsstörung** wird im Sinne eines biografischen Risikofaktors die Verarbeitung von Folgetraumata durch organisierte Gewalt und von Migration negativ beeinflussen. Postmigratorisch können schwere Traumatisierungen und Identitätskrisen aufgrund von Migration eine Persönlichkeitsstörung induzieren, verursachen oder aggravieren und/oder ein komplexes posttraumatisches Belastungssyndrom hervorrufen. Hierdurch können Akkulturation und Anpassung im weiteren Migrationsprozess wiederum erschwert sein und die Ausbildung einer neuen bi- oder multikulturellen Identität verunmöglicht sein. Kindheitstraumata können sekundär wieder reaktiviert werden und als verzögerte Posttraumatische Belastungsreaktion eine neue subjektive Bedeutung erlangen.

Schlussfolgerungen

Diagnostik und Therapie von Persönlichkeitsstörungen im transkulturellen Kontext sind eine Herausforderung für Kliniker und Therapeuten. Die vielfältigen sozialen und kulturellen Einflussfaktoren auf allen Ebenen des diagnostischen und therapeutischen Prozesses erfordern neben einem fundierten Wissen über trauma- und kulturspezifische Zusammenhänge in erster Linie eine hohe Kultursensitivität und Kulturkompetenz. Diese beinhalten für Professionelle in der Begegnung mit fremden Kulturen die Reflektion der eigenen Scheu vor dem Fremden sowie der jeweils eigenen soziokulturellen Sozialisation und Bedingtheit.

Wesentliche Aspekte kultureller Dimensionen bei Persönlichkeitsstörungen sind Selbstbild und Selbstkonzept, Anpassung und sozialer Kontext. In den Persönlichkeitsdimensionen Individualismus versus Kollektivismus, Abhängigkeit versus Unabhängigkeit und Idiozentrizität versus Allozentrizität kommt diese Kulturspezifität zum Ausdruck. Dies hat erhebliche therapeutische Implikationen: Das westlichen Psychotherapien zu Grunde liegende Weltbild und theoretische Konzept ist auf Stärkung und Förderung von Autonomie und Unabhängigkeit ausgerichtet, was zum Teil erheblich mit dem Bedürfnis nach interindividueller Bezogenheit und Einbindung in familiäre und soziale Kontexte bei Migranten kollidieren kann. Im Ergebnis kann dies die Beziehungsaufnahme zu Migranten erschweren oder verunmöglichen und therapeutische Prozesse scheitern oder gar eskalieren lassen. Dies zu verhindern, erfordert von Klinikern und Therapeuten ein hohes Maß an Flexibilität und Offenheit im therapeutischen Raum sowie ein entsprechend feinsinniges transkulturelles Verständnis und Reflektionsvermögen.

Literatur

Alarcon R (1995). Culture and psychiatric diagnosis: Impact on DSM-IV and ICD-10. Psychiatr Clin North Am 18: 449-65.
Alarcon R (1996). Personality disorders and culture in DSM-IV: A critique. J Personal Disord 10: 260-70.
Alarcon RD, Foulks EF, Vakkur M (1998). Personality Disorders and Culture: Clinical and Conceptual Interactions. New York: Wiley.
American Psychiatric Association (APA) (1994). Diagnostic and Statistical Manual of Mental Disorders. 4th ed (DSM-IV). Washington DC: American Psychiatric Association.
American Psychiatric Association (APA) (1980). Diagnostic and Statistical Manual of Mental Disorders. 3rd ed (DSM-III). Washington DC: American Psychiatric Association.
Ardjomandi ME (1998). Migration – ein Trauma? In: Trauma und Konflikt. Schlösser A, Höhfeld K (Hrsg). Gießen: Psychosozial; 309-22.
Battan JF (1983). The „new narcissism" in 20th century America: The shadow and substance of social change. J Soc Hist 17: 199-220.
Benedict R (1934). Patterns of Culture. Boston: Houghton Mufflin.
Bock PK (1980). Continuities in Psychological Anthropology. San Francisco: Freeman.
Briken P, Kraus C (2000). Persönlichkeitsstörungen. In: Beurteilung psychischer Störungen in einer multikulturellen Gesellschaft. Haasen C, Yagdiran O (Hrsg). Freiburg: Lambertus; 125-44.
Bronisch T (2001). Neurobiologie der Persönlichkeitsstörungen mit dem Schwerpunkt Borderline-Persönlichkeitsstörungen. Psychotherapie 2: 233-46.
Brune M (2000). Posttraumatische Störungen. In: Beurteilung psychischer Störungen in einer multikulturellen Gesellschaft. Haasen C, Yagdiran O (Hrsg). Freiburg: Lambertus; 107-24.
Castaneda R, Franco H (1985). Sex and ethnic distribution of borderline personality disorder in an inpatient sample. Am J Psychiatry 142: 1202-3.
Chang SC (1965). The cultural context of Japanese psychiatry and psychotherapy. Am J Psychother 19: 593-606.
Church AT (2000). Culture and personality: toward an integrated cultural trait psychology. J Pers 68: 651-703.
Church AT (2001). Personality measurement in cross-cultural perspective. J Pers 69: 979-1006.

Church AT, Lonner WJ (1998). The cross-cultural perspective in the study of personality: Rationale and current research. J Cross Cult Psychol 29: 32-62.
Clemens CV (1982). Misusing psychiatric models: The culture of narcissism. Psychoanal Rev 69: 283-95.
Compton WM 3rd, Helzer JE, Hwu HG, Yeh EK, McEvoy L, Tipp JE, Spitznagel EL (1991). New methods in cross-cultural psychiatry: Psychiatric illness in Taiwan and the US. Am J Psychiatry 148: 1697-704.
Cooke DJ (1996). Psychopathic personality in different cultures: What do we know? What do we need to find out? J Personal Disord 10: 23-40.
Cooke DJ (1998). Cross-cultural aspects of psychopathy. In: Psychopathy: Theory, Research and Implications for Society. Cooke DJ, Forth AE, Hare RD (eds). Dordrecht: Kluwer Academic; 13-45.
Cooke DJ, Michie C (1999). Psychopathy across cultures: North America and Scotland compared. J Abnorm Psychol 108: 58-68.
Costa PT, McCrae R (1990). Personality disorders and the five-factor model of personality. J Personal Disord 4: 362-71.
DeGregorio E, Carver CS (1980). Type A behaviour pattern, sex role orientation and psychological adjustment. J Pers Soc Psychol 39: 286-93.
DuBois C (1944). The People of Alor. Minneapolis: University of Minnesota Press.
Fabrega H (1994). International systems of diagnosis. Psychiatry 182: 256-63.
Fabrega H (2001).Culture and history in psychiatric diagnosis and practice. Psychiatr Clin North Am 24: 391-405.
Fernando S (1991). Mental Health, Race and Culture. Houndmills, London: Macmillan.
Fernando S (1995). Mental Health in a Multi-ethnic Society. London, New York: Routledge.
Fiedler P (1998). Persönlichkeitsstörungen. Weinheim: Psychologie Verlags Union.
Fischer G, Riedesser P (1999). Lehrbuch der Psychotraumatologie. München, Basel: Ernst Reinhardt.
Foulks EF (1996). Culture and personality disorders. In: Culture and Psychiatric Diagnosis: A DSM-IV Perspective. Mezzich JE, Kleinman A, Fabrega H, Parron DL (eds). Washington DC: American Psychiatric Press; 243-52.
Grinberg L, Grinberg R (1990). Psychoanalyse der Migration und des Exils. München, Wien: Internationale Psychoanalyse.
Gunderson JG, Sabo AN (1993). The phenomenological and conceptual interface between borderline personality disorder and PTSD. Am J Psychiatry 150: 19-27.
Henningsen F (2003). Traumatisierte Flüchtlinge und der Prozess der Begutachtung. Psychoanalytische Perspektiven. Psyche 2: 97-120.
Herman JL (1992). Trauma and Recovery. New York: Basic.
Ho DYF, Peng S, Lai AC (2001). Indigenization and beyond: Methodological relationism in the study of personality across cultural traditions. J Pers 69: 925-54.
Hofstede C (1980). Culture's Consequences: International Differences in Work-Related Values. Beverly Hills: Sage.
Jahoda G, Krewer B (1997). History of cross-cultural and cultural psychology. In: Handbook of Cross-Cultural Psychology. Vol. 1. Berry JW, Poortinga YH, Pandey J (eds). Boston: Allyn and Bacon; 1-42.
Johnson F (1993). Dependency and Japanese Socialization. New York: New York Universities Press.
Kardiner A (1945). The concept of basic personality structure as an operational tool in social sciences. In: The Science of Man in the World Crisis. Linton R (ed). New York: Columbia University Press.

Kirmayer LJ (1989). Cultural variations in the response to psychiatric disorders and emotional distress. Soc Sci Med 29: 327-39.
Kohte-Meyer I (1993). „Ich bin fremd, so wie ich bin". Migrationserleben, Ich-Identität und Neurose. In: Das Fremde in der Psychoanalyse. Erkundungen über das „andere" in Seele, Körper und Kultur. Streeck U (Hrsg). München: Pfeiffer; 119-32.
Krause IB (1998). Therapy Across Culture. London: Sage.
Lee S (1996). Cultures in psychiatric nosology: The CCMD-2-R and international classification of mental disorders. Cult Med Psychiatry 20: 421-72.
Lewis-Fernandez R (1993). The role of culture in the configuration of dissociative states: A comparison of Puerto Rican ataque de nervios and Indian possession syndrome. In: Dissociation, Culture, Mind and Body. Spiegel D (ed). Washington DC: American Psychiatric Press.
Lonner WJ, Adamopoulos J (1997). Culture as antecedent to behaviour. In: Handbook of Cross-cultural Psychology. Vol. 1. Berry JW, Poortinga YH, Pandey J (eds). Needham Heights: Allyn and Bacon; 43-83.
Loranger AW Sartorius N, Andreoli A, Berger P, Buchheim P, Channabasavanna SM, Coid B, Dahl A, Diekstra RF, Ferguson B (1994). The International Personality Disorder Examination (IPDE). The WHO/ADAMHA International pilot study of personality disorders. Arch Gen Psychiatry 51: 215-24.
Machleidt W (2001). Transcultural problems in psychiatric care. Actas Esp Psiquiatr 29: 3.
Machleidt W (2002). Die 12 Sonnenberger Leitlinien zur psychiatrisch-psychotherapeutischen Versorgung von MigrantInnen in Deutschland. Nervenarzt 73: 1208-9.
Machleidt W (2003). Kulturelle Aspekte psychiatrischer Erkrankungen. In: Psychiatrie und Psychotherapie. Möller HJ, Laux G, Kapfhammer HP (Hrsg). Berlin, Heidelberg, New York: Springer; 281-302.
Machleidt W, Calliess I (2003). Psychiatrisch-psychotherapeutische Behandlung von Migranten und transkulturelle Psychiatrie. In: Lehrbuch der Psychiatrie und Psychotherapie. Berger M (Hrsg). (im Druck).
Markus HR, Kitayama S (1991). Culture and the self: Implications for cognition, emotion, and motivation. Psychol Rev 98: 224-53.
Markus HR, Kitayama S (1998). The cultural psychology of personality. J Cross Cult Psychol 29: 63-87.
Martinez C (1993). Psychiatric care of Mexican Americans. In: Culture, Ethnicity and Mental Illness.Gaw AC (ed). Washington DC: American Psychiatric Press.
McCrae RR (2001). Trait psychology and culture: Exploring intercultural comparisons. J Pers 69: 819-46.
McCrae RR, Costa PT (1996). Toward a new generation of personality theories: Theoretical contexts for the five-factor model. In: The Five-factor Model of Personality: Theoretical Perspectives. Wiggins JS (ed). New York: Guilford; 51-87.
McCrae RR, Costa PT, del Pilar GY, Rolland JP, Parker WD (1998). Cross-cultural assessment with the five-factor model: The Revised NEO Personality Inventory. J Cross Cult Psychol 29: 171-88.
Mezzich JE (1995). Cultural formulation and comprehensive diagnosis: Clinical and research perspectives. Psychiatr Clin North Am 18: 649-57.
Mezzich JE, Berganza CE, Ruiperez MA (2001). Culture in DSM-IV, ICD-10 and evolving diagnostic systems. Psychiatr Clin North Am 24: 407-19.
Miller JG (1997). Theoretical issues in cultural psychology. In: Handbook of Cross-Cultural Psychology. Vol. 1. Berry JW, Poortinga YH, Pandey J (eds). Boston: Allyn and Bacon; 85-128
Minas H (2001). Service responses to cultural diversity. In: Textbook of Community Psychiatry. Thornicroft G, Szmukler G (eds). Oxford, New York: Oxford University Press; 192-206.

Moggi F (1996). Merkmalsmuster sexueller Kindesmißhandlung und Beeinträchtigungen der seelischen Gesundheit im Erwachsenenalter. Z Klin Psychol 2:296-303.
Moriya N, Miyake J, Minakawa K Ikuta N, Nishizono-Maher A (1993). Diagnosis and clinical features of borderline personality disorder in the East and West: A preliminary report. Compr Psychiatry 34: 418-23.
Murphy J (1976). Psychiatric labeling in cross cultural perspectives. Science 19: 1019-28.
Nestadt G, Samuels J, Romanowski A Folstein MF, McHugh PR (1994). DSM-III personality disorders in the community. Am J Psychiatry, 151: 1055-62.
Overkamp B, Hofmann A, Huber M, Dammann G (1997). Dissoziative Identitätsstörung (DIS) – eine Persönlichkeitsstörung? Persönlichkeitsstörungen 2: 74-84
Padilla AM, Salgado-Snyder N, Cervantes RC (1987). Self-regulation and risk-taking behaviour: A Hispanic perspective. Spanish-Speaking Mental Health Research Center Bulletin; 1-5.
Paris J (1991). Personality disorders, parasuicide and culture. Transcult Psychiatr Res Rev 28: 25-39.
Paris J (1992). Social factors in borderline personality: A review and hypothesis. Can J Psychiatry 37: 480-6.
Paris J (1996). Cultural factors in the emergence of borderline pathology. Psychiatry 59: 185-92.
Paris J (1998). Personality disorders in sociocultural perspective. J Personal Disord 12: 289-301.
Poortinga YH, van Hemert DA (2001). Personality and culture: Demarcating between the common and the unique. J Pers 69: 1033-60.
Robins LN, Tipp J, Przybeck T (1991). Antisocial personality disorder. In: Psychiatric Disorders in America. Robins LN, Regier DA (eds). New York: Free Press; 258-90.
Roland A (1988). In Search of Self in India and Japan. Princeton: Princeton University Press.
Saß H (2000). Persönlichkeitsstörungen. In: Psychiatrie der Gegenwart. Bd. 6. Helmchen H, Henn F, Lauter H, Sartorius N (Hrsg). Berlin, Heidelberg: Springer 227-330.
Sluzki CE (2001). Psychologische Phasen der Migration und ihre Auswirkungen. In: Transkulturelle Psychiatrie. Hegemann T, Salman R (Hrsg). Minneapolis, Bonn: Psychiatrie-Verlag.

Standage K, Bilsbury C, Jain S, Smith D (1984). An investigation of role-taking in histrionic personalities. Can J Psychiatry 29: 407-11.
Tang SW, Huang Y (1995). Diagnosing personality disorders in China. Int Med J 2: 291-7.
Tapp JL (1981). Studying personality development. In: Handbook of Cross-Cultural Psychology. Vol. 4. Berry JW, Poortinga YH, Pandey J (eds). Boston: Allyn and Bacon; 343-423.
Triandis HC (1989). The self and social behaviour in differing cultural contexts. Psychol Rev 96: 506-20.
Triandis HC (1993). Collectivism and individualism as cultural syndromes. J Cross Cult Res 27: 155-80.
Triandis HC (1995). Individualism and Collectivism. Boulder: Westview.
Trouve JN, Lianger JP, Colvet P, Scotto JC (1983). Sociological aspects of identity problems in immigration pathology. Ann Med Psychol 141: 1041-62.
Tseng WS (2001). Handbook of Cultural Psychiatry. San Diego, London, Boston, New York, Sydney, Tokyo, Toronto: Academic Press.
van de Vijer F, Leung K (2001). Methods and Data Analysis for Cross-Cultural Research. Thousand Oaks: Sage.
van der Kolk BA, McFarlane A, Weisaeth L (1996). Traumatic stress: The Effects of Overwhelming Experience on Mind, Body and Society. New York: Guilford.
von Zerssen D (1994). Persönlichkeitszüge als Vulnerabilitätsindikatoren. Probleme ihrer Erfassung. Fortschr Neurol Psychiatr 62: 1-13.
Witztum E, Greenberg D, Dasberg H (1990). Mental illness and religious change. Br J Med Psychol 63: 33-41.
World Health Organzation (WHO) (1991). Internationale Klassifikation psychischer Störungen. ICD-10, Kapitel V (F). (Dtsch.:) Dilling H, Mombour W, Schmidt MH (Hrsg). Bern, Göttingen, Toronto: Huber.
Yang J, McCrae RR, Costa PT Jr, Yao S, Dai X, Cai T, Gao B (2000). The cross-cultural generalizability of Axis-II constructs: An evaluation of two personality disorder assessment instruments in the People's Republic of China. J Personal Disord 14: 249-63.

Egle/Hoffmann/Joraschky (Hrsg.)
Sexueller Missbrauch, Misshandlung, Vernachlässigung
Erkennung und Therapie psychischer und psychosomatischer Folgen früher Traumatisierungen

Auf der Grundlage wissenschaftlich fundierter Studien geben die Autoren aus psychiatrischer, schulenübergreifend psychotherapeutischer, psychosomatischer und psychodynamischer Sicht eine differenzierte und durch zahlreiche Fallbeispiele praxisorientierte Darstellung der Grundlagen, Krankheitsbilder, Therapie, Prävention und Begutachtung schwer traumatisierter Patienten sowie der Täter selbst.

2., vollständig aktualisierte und erweiterte Auflage 2000. 598 Seiten, 26 Abbildungen, 33 Tabellen, geb.
€ 49,95/CHF 79,90 · ISBN 3-7945-1889-6

Die Zeitschrift für Erfahrungsaustausch und Diskussion

Ein Thema, viele Perspektiven
Jedes Heft mit einem aktuellen Themenschwerpunkt:
- aus Sicht unterschiedlicher Therapierichtungen und Berufsgruppen
- dargestellt anhand ausführlicher Einzelfälle

Das Herausgeber-Team:
Dr. phil. Dipl.-Psych. Michael Broda
Dr. phil. Dipl.-Psych. Steffen Fliegel
Dr. phil. Dipl.-Psych. Arist von Schlippe
PD Dr. rer. soc. Jochen Schweitzer
Prof. Dr. med. Wolfgang Senf
Prof. Dr. med. Ulrich Streeck, M.A.

Online-Abo inklusive!
*gilt nur für das persönliche Abonnement

Die Themen:

Heft 1/2000	Posttraumatische Belastungsstörungen
Heft 2/2000	Paartherapie
Heft 3/2000	Panik
Heft 4/2000	Borderline Störungen
Heft 1/2001	Gruppentherapie
Heft 2/2001	Bulimie
Heft 3/2001	Sexuelle Störungen
Heft 4/2001	Depressionen
Heft 1/2002	Chronische somatische Erkrankungen
Heft 2/2002	Gefühle
Heft 3/2002	Psychosen
Heft 4/2002	Adoleszenz
Heft 1/2003	Soziale Ängste
Heft 2/2003	Sucht
Heft 3/2003	Zwangsstörungen
Heft 4/2003	Krisenintervention

Inklusive Online-Zugang*
Recherche im Volltext
www.thieme-connect.de
www.thieme.de/pid
*gilt nur für das persönliche Abonnement

Psychotherapie im Dialog
- Praxisnah
- integrierend
- Diskussionsfreudig

Ja, ich abonniere die Zeitschrift **Psychotherapie im Dialog PiD**
ab _____
Sie erscheint 4mal im Jahr. Die Hefte erhalte ich direkt vom Verlag.
Die Berechnung erfolgt über eine Buchhandlung.
☐ Preis 2003 € 99,–
☐ Preis 2003 für Ärzte und Psychologen in psychotherapeutischer Aus- und Weiterbildung € 59,–*
Unverbindliche Preisempfehlung inkl. MwSt. zzgl. Versandkosten (Inland € 6,60; Auslandspreise auf Anfrage). Der laufende Jahrgang wird anteilig berechnet.
*Berechtigungsnachweis liegt bei. Ermäßigter Preis gilt für maximal 6 Jahre.

X _____
Datum/Unterschrift

Vertrauensgarantie: Ich kann diese Bestellung innerhalb von 10 Tagen (Poststempel) durch eine schriftliche Mitteilung an den Georg Thieme Verlag widerrufen.

X _____
2. Unterschrift

Ja, ich möchte von der Zeitschrift Psychotherapie **Einzelhefte zum Preis von je € 29,90** inkl. MwSt., zzgl. Versandkosten Heft Nr. _____

Name, Vorname
Straße/Postfach
PLZ, Ort
Beruf, berufliche Stellung
Telefon/Fax
e-mail
V Y8!

Anschrift: ☐ privat ☐ dienstlich
Tätigkeitsort: ☐ Praxis ☐ Klinik

Preisänderungen und Irrtümer vorbehalten.
€-Preise gültig in Deutschland.

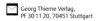 0711/8931-133
 Kundenservice @thieme.de
Georg Thieme Verlag, PF 30 11 20, 70451 Stuttgart
www.thieme.de